代议机关投票表决方式研究

刘 妤 著

上海交通大学出版社
SHANGHAI JIAO TONG UNIVERSITY PRESS

内容提要

代议机关的投票表决方式是代议制度的重要内容,是现代国家议会运行的关键环节,投票表决的方式和程序直接关系代表职能的有效实现和民意的充分表达,投票表决方式还影响着公民权利对国家权力的制约和监督,对民主的实现有重大影响。本书梳理了投票表决这一政治领域里的历史,对比了公民投票和代议机关投票的不同特点和演变历史。同时,结合代议制度的基本原理和核心要求,探寻投票表决方式背后的理论支撑,并重点关注我国人大及其常委会的投票表决方式,提出了有针对性的设想。

图书在版编目(CIP)数据

代议机关投票表决方式研究/ 刘妤著. —上海:
上海交通大学出版社,2022.9
　ISBN　978 - 7 - 313 - 25801 - 4

　Ⅰ. ①代… Ⅱ. ①刘… Ⅲ. ①人民代表大会制-研究
-中国 ②议会制-研究-中国 Ⅳ. ①D621②D521

中国版本图书馆 CIP 数据核字(2021)第 272898 号

代议机关投票表决方式研究
DAIYIJIGUAN TOUPIAOBIAOJUE FANGSHI YANJIU

著　　者:	刘　妤			
出版发行:	上海交通大学出版社	地　　址:	上海市番禺路 951 号
邮政编码:	200030	电　　话:	021 - 64071208
印　　制:	苏州市古得堡数码印刷有限公司	经　　销:	全国新华书店
开　　本:	710 mm×1000 mm　1/16	印　　张:	12
字　　数:	184 千字		
版　　次:	2022 年 9 月第 1 版	印　　次:	2022 年 9 月第 1 次印刷
书　　号:	ISBN 978 - 7 - 313 - 25801 - 4		
定　　价:	58.00 元		

版权所有　侵权必究
告读者:如发现本书有印装质量问题请与印刷厂质量科联系
联系电话:0512 - 65896959

前　言

　　本书是以我的博士毕业论文《代议机关投票表决的公开性和秘密性研究》为基础修改整理而成。此时距初稿完成已经有一年多的时间,而且正值中国全过程人民民主蓬勃发展的时刻。代议机关投票表决的方式属于程序民主的重要组成部分,我为祖国的民主发展而自豪,为自己身处这个时代而感恩,能为国家的民主制度的研究尽一份绵薄之力深感幸运。

　　民主不是固定的,在不同的历史时期,民主有不同的体现形式。公认最早的民主制度产生于古希腊。就抉择方式来说,在雅典民主早期,抽签被认为是民主政治的基石。使用抽签是为了实现政治平等,保证轮番而治和社会利益在公民中间自由分配。此外,抽签也能减少选举中的舞弊行为和派系斗争,抽签能最大限度实现平等,但是容易导致集体非理性和多数人暴政,这使得近代以前的"民主政治"名声不佳。直到19世纪以后,以英美为代表的西方代议制民主国家兴起,证明了民主政治的生命力,雅典民主政治的形象才逐渐从负面转向正面。

　　代议机关的投票表决方式作为代议民主制度的重要内容也在发生着变化。记名投票还是不记名公开投票的争论一直没有停息过,西方资本主义国家也普遍存在从无记名投票到公开表决的过程,直到当代,西方资本主义国家才选择了公开投票的议事表决模式。早期代议机关以不公开投票为主,主要是为了保障议员的投票自主权,后来以公开投票为主要形式,目的是促使议员承担政治责任。在最近二十年中,西方部分学者开始对代议机关投票表决的"透明原则"进行反思。有学者对公开投票所要追求的政治责任进行质疑,认为当立法者被当作需要不断监督的未成年人时,受益的是特殊利益群体,因为他们是监督者。当政客被给予充分发挥其基础的动力时,政治就会变得更加党派化和功能失调。① 实践中,美国的一些州议会获得了对"阳光法"②在特定领域的豁免。研究者指出,虽然透明度是责任制政府的重要标志,但是有导致效率下降的可能;虽然透明度加强了公众对政治人物的监督,但增加了政府在财政领域的工作难度。③

民主不是单一的形态,在不同的国家,民主有不同的发展模式。诚然,西方的民主制度曾经取得过辉煌的成绩,但是目前这一制度也陷入了困境。以多党制为代表的民主政治从精英民主走向大众民主,并且由于政党之间的"为了反对而反对"的恶性竞争,形成了"空转政府"的现象。马克思早就对资产阶级议会进行了批评——"清谈馆",他不是否定"议"的功能和作用,而是讽刺资本主义议会"议而不决"。如果"议"而不"决",就是真正的清谈,是毫无意义的空气震动。④ 中国的民主模式必须结合我国的具体国情,发挥社会主义制度优势。

2021 年 12 月 4 日,国务院新闻办发表《中国的民主》白皮书;2021 年 12 月 20 日,国务院新闻办发表《"一国两制"下香港的民主发展》白皮书;2021 年 12 月 15 日"民主:全人类共同价值"国际论坛在北京闭幕,论坛期间,来自 120 多个国家和地区、20 多个国际组织的 500 余位嘉宾线上或线下参会,探讨民主真谛。西方长期垄断"民主"定义的格局正逐步被瓦解,中国基于日渐成熟的全过程人民民主,正在构建完善自己的民主秩序。

我国应以推动发展全过程人民民主为目标,继续完善人大及其常委会的投票表决方式。全过程人民民主是中国社会主义民主政治的鲜明特点,包括选举民主、协商民主、社会民主、基层民主、公民民主等民主政治的全部要素,涵盖了民主选举、民主协商、民主决策、民主管理、民主监督等民主过程的一切领域。⑤ 人大及其常委会作为我国的代议机关,其投票表决方式属于社会主义民主政治制度的重要组成部分,属于重要的程序民主。民主有程序民主和实

---

① James D'angelo:"The Dark side of the Sun: How Transparency helps lobbyists and hurts the public", https://www.foreignaffairs.com/articles/united-states/2019-04-16/dark-side-sunlight,最后访问日期:2020 年 12 月 1 日。
② 阳光法,即透明度法,其强制立法文本、辩论记录等文件对外公开。
③ Jeffrey Harden, Justin Kirkland, Patrick E. Shea. Legislative Transparency and Credit Risk. *Legislative Studies Quarterly*, February, 2021, pp.189 – 218.
④ 周叶中:《代议制度比较研究》(修订版),商务印书馆 2014 年版,第 25 页。
⑤ 包心鉴:《协商民主在发展全过程人民民主中的独特制度功能和制度优势》,《光明日报》2021 年 12 月 18 日,第 6 版。

质民主,程序民主对实质民主有促进作用,二者是相互匹配的,当实质民主发展到一定阶段,必然会对程序民主提出要求。2019 年习近平总书记在亚洲文明对话大会开幕式上的主旨演讲中提出,文明因多样而交流,因交流而互鉴,因互鉴而发展。我们要加强世界上不同国家、不同民族、不同文化的交流互鉴,夯实共建亚洲命运共同体、人类命运共同体的人文基础。代议制度在西方资本主义国家经过了较长的发展过程,有比较丰富的理论和实践经验,对其代议机关的投票表决方式进行分析、借鉴,能更好实现我国民主制度的治理实效。

同时,我们也要结合我国的制度优势和具体国情,不能迷信西方的形式民主。资产阶级民主学说偏重于民主形式,往往认为形式的、政治的民主实现了,内在的、实质的、政治的民主自然就实现了。我国的全过程人民民主是要追求更完善、更全面、更具实效性的民主,由于历史原因,我们还存在对无记名投票的"迷信"和对公开投票的怀疑,普遍认为无记名投票才是体现民主、让人大代表及委员说真话的保障。我们应对国情保持理性认知,对世界文明包容借鉴。

本书是对我国人大及其常委会进行公开投票类型化研究的一次尝试,当然也希望能够抛砖引玉,为我国的民主制度发展添砖加瓦。

刘　妤

2022 年 8 月 15 日

目　　录

导　论

一、几则典型案例引发的思考：代议机关应该采用哪种表决方式

案例一：我国全国人大的表决以无记名投票为主要形式，1990年七届人大三次会议开始使用电子表决器，从此利用电子表决器进行无记名表决成了全国人大及其常委会的主要表决方式。2010年有政协委员联名提案，建议给表决器加个盖子，"像ATM机的密码键盘一样，在表决器上方加个盖子，手指伸进盖子里投票，别人就看不到了。"[1]有学者认为这是体现民主的一种进步，"是有关民主的一个技术性细节。"[2]

案例二：联邦德国前总理勃兰特是德国社会民主党人，因推动东进政策，引发基督教民主党主席于1972年发起倒阁，在众议院进行建设性不信任案投票。按照德国众议院议事规则，对建设性不信任案投票应该采取无记名投票形式进行表决。社会民主党为保证得票而又不违背无记名投票原则，就集体留在各自的座位上，以不参与投票的方式集体投了弃权票。社会民主党以这种方式确保了党内统一投票，杜绝了"跑票"嫌疑。而发起倒阁的基督教民主党在无记名投票的方式下，无法统一党内投票，最后以两票之差倒阁失败。

案例一中，我国全国人大普遍采用不记名的电子表决器表决，即采用无记名投票为主的表决方式。西方国家的议会大多采用公开表决的方式，每位议员的投票情况都记录在册，可供选民查询。人们普遍认为，无记名投票的方式能保证投票人免受外在压力，只有无记名投票才能保证民主的实现。这不禁让我们思考：对于代议机关来说，到底是公开表决更先进，还是无记名投票更民主？

案例二告诉我们，表决方式对表决结果有重要影响，因为在无记名投票的方式下，具体的投票情况只有投票人自己知道，即使有严格党纪的政党也难以保证本党意志完全得以实现。假如当时社会民主党允许本党党员自由参与无

---

[1]　段九如："委员联名建议给投票表决器加盖以表达真实意愿"，http://china.huanqiu.com/roll/2010-03/736858.html，最后访问日期：2019年6月18日。

[2]　邵建：《给表决器加盖是民主的细节》，《人大建设》2010年第5期。

记名投票,谁又能保证全部是反对票或弃权票?该事件蕴含的另外一个启示是:无记名投票本来是要利用私密性来保护投票意志自由的,而德国社会民主党采取的"集体留在各自座位""不参与投票"的方式,其中的秘密性已经荡然无存。可见,即使是法律明文规定了具体的表决方式,实践中还是存在很多可操作空间,如何才能在实践中确保法律规定的"无记名投票"得以实现是一个重要的研究课题。

表决是我国人大议事中的关键一步,是民主协商的过程外化为法律决定的"管道"。"表决是全国人大决定问题的唯一方法,因而也是全国人大举行会议的一个必经程序。"①在我国人大的议事过程中,存在任免表决、议案表决等。"人民代表大会的表决是人民代表大会行使国家权力全过程的最后一道程序,也是关键的程序。直接关系国家最高决策的正确与否,关系国家的前途和人民的命运。"②

表决制度和特定国家的历史发展、民主程度有关,这一重大的理论问题值得研究。目前,我们还存在对无记名投票的"迷信"和对公开投票的怀疑,人们普遍认为无记名投票才是体现民主、让代表说真话的保障。无记名投票和公开投票这两种表决方式分别有什么特点和适用条件?到底哪种表决方式更民主?在议会(人大)表决中,决定表决方式的考虑因素有哪些?这些都是本书试图解答的问题。

二、研究价值及意义

(一)代议机关表决方式影响对权力的制约和监督

目前世界上大部分民主国家都实行间接民主,或者说是代议制民主。在直接民主下,主权是完整的,不存在被代表的问题,也不用强调权力的制约和监督。当然真正的直接民主在现代社会中没有存续的条件,只是一种理论研究的假设。在代议制民主下,代议制度的核心是主权和治权分离。代议制理论主张,主权被分为若干次级权力,经公民同意,次级的权力可以转让或委派

---

① 郑淑娜:《中华人民共和国立法法释义》,中国民主法制出版社 2015 年版,第 104 页。
② 梓木等:《民主的构思——论我国人民代表大会制度的发展与改革》,光明日报出版社 1989 年版,第 253 页。

给他人。① 因此,对这部分转让或委派的权力的监督和制约就成了保证主权在民的核心。如何监督被委派的代表真正代表民意,以及在代表和民意之间出现偏差之后又应如何对代表进行追责,这是代议制度在实践中存在的核心问题。

选举是公民制约代表权力的重要途径,选民往往根据代表在任期内的作为进行"回溯型"投票,而代议机关的议事程序既是公民了解代表履职情况的重要方式,也是公民判断是否给予代表连任机会的重要途径。

(二)代议机关的表决方式影响民主的实现

代议机关主要通过开会履行议事职责,通过投票表决形成最终决议,代议机关的投票表决方式是宪法实施中的重要问题,它影响决策的结果和民主的进程。投票表决是现代国家议会运行的关键环节,投票方式直接关系议员和代表职能的有效行使和民意的充分表达。约翰·斯图尔特·密尔认为,"关于投票方法的最重要的问题就是秘密或公开的问题。"②

不仅如此,投票方式还会影响代表职能的履行情况。不公开状态下的意愿表达和在意见能够被公开并可能被追责的状态下,议员(代表)们的表决行为会发生变化。投票表决的方式和程序直接关系代表职能的有效运行和民意的充分表达。

(三)代议机关表决方式影响表决结果

我国人大及其常委会的会议表决方式经历了从公开表决到无记名投票的过程,中华人民共和国成立后的很长一段时间里适用举手、鼓掌等公开的表决方式,表决的结果都是一致通过。自从全国人大常委会于 1986 年 3 月第六届第十五次会议开始采用电子表决器,全国人大也于 1990 年七届三次会议开始使用电子表决器表决,弃权票和反对票增多,"有时几乎每项议案包括法律案的表决,都出现弃权票和反对票。"③2001 年 2 月 14 日,在沈阳市人大会议上,沈阳市中级人民法院报告因赞成票未过半数而未获人大代表通过,被称为"中国民主政治的标志性事件。"此次的表决方式由举手表决改为按表决器表决,

---

① 鞠豪:《经济投票:代议制模式下的新型选举模型》,《国外理论动态》2017 年第 8 期,第 95—102 页。
② 〔英〕J.S.密尔:《代议制政府》,汪暄译,商务印书馆 1982 年版,第 151 页。
③ 梓木等:《民主的构思——论我国人民代表大会制度的发展与改革》,光明日报出版社 1989 年版,第 32 页。

被认为是法院报告未获通过的一个客观原因。① 无记名投票表决促使反对票增多，这是人们敢于表达真实意愿的表现。我国人大的表决方式发展历史也说明了无记名投票对表决行为的影响，无记名投票更能反映表决者内心的自主意识，不受外界压力的影响。

（四）代议机关表决方式一直是学界研究的重大问题

被称为"议会之母"的英国议会，其表决方式在 18 世纪实现了从不公开到公开的转变，这个转变是在新兴的资产阶级力量和贵族地主旧势力的斗争中实现的，也是在理论上经过长期争论而基本完成的，甚至在新兴无产阶级领导的"宪章运动"中也提出了改革表决方式的要求。

尽管如此，研究者也承认公开表决并不是完美的，近年来，也有部分学者再次研究了英国 18 世纪议会改革中的相关争论，认为当时对公开表决存在隐患的担忧并非空穴来风，不公开表决在当代有其存在的合理性。

从中外民主问题的研究对比情况来看，资产阶级民主学说偏重于研究民主形式，认为只要形式的、程序的民主实现了，内在的、实质的、政治的民主自然就实现了；而社会主义民主学说则有强调实质民主的特点，容易忽视民主的形式。这两种观念都存在不足。对我国来说，完善社会主义民主形式仍然是关键的目标。② 投票表决的方式和程序属于程序民主，在目前我国重实体轻程序的现状下，程序民主的建设更加有现实意义。

三、几个基本定义的界定

（一）公开投票和不公开投票

根据《中华法学大辞典·宪法学卷》的定义，"公开表决是代表或议员公开表示自己的意愿和态度，又分呼喊表决、举手表决、起立表决、分组列队表决、点名表决、掷球或作记号表决、鼓掌欢呼表决等形式；秘密表决是代表或议员所表示的意愿，他人无从知晓，又分投票表决、使用表决器表决等形式。"③

公开投票表决指投票者的立场、态度明显可以被外界知晓的表决方式。

---

① 杨永辉："一波三折的沈阳中院报告——透视'民主政治的标志'"，http://text.news.sohu.com/19/10/news146241019.shtml，最后访问日期：2020 年 3 月 18 日。
② 周叶中：《代议制度比较研究》（修订版），商务印书馆 2014 年版，第 13—15 页。
③ 许崇德：《中华法学大辞典·宪法学卷》，中国检察出版社 1995 年版，第 52 页。

在表决现场,大家公开进行表决,表决的行为能够被他人识别,但是个人的表决情况并不被记录并且公布出来。公开投票表决又可以分为无记名公开表决和记名公开表决。例如,举手表决、呼声表决、鼓掌欢呼都属于无记名公开表决。记名公开表决一般指记名投票,在西方国家,表决器表决通常也是公开表决。投票人的投票情况会被详细记录,并通过议会记录册或者网络公布出来,供大众查询和知晓。

广义的无记名投票包括公开的无记名投票和不公开的无记名投票。狭义的无记名投票指投票情况不被别人知晓的投票表决方式,投票行为不公开,投票情况不记录。掷球和做记号是一种古老的投票方式,中国共产党在敌后抗日根据地时期曾广泛采用类似的投票方式,例如"豆选"等方式。本书的无记名投票一般指狭义的无记名投票。

（二）公民投票和议员投票

公民投票是指有投票权的公民参与投票选举议员和其他国家公务人员,或者参与国家重大事项决策的投票形式,是直接民主的体现。

议员(代表)投票的投票主体是议员(代表),这既是议会议决事项的重要程序,也是议会内部议决事项、做出决策的依据,属于间接民主(代议民主)的表现形式。

第一章

投票表决的历史演变

投票表决是一种体现民主的选择方式,是人类文明进程中的一项重要的政治发明。最早在政治领域采用投票表决的是古希腊时期的雅典,当时已经对公开投票和不公开投票进行了区分。主要资本主义国家在公民投票和代议机关投票领域有着不同的演变历史,公民投票从早期的公开投票演变为现代的不公开投票,代议机关投票则由早期的不公开投票转变为公开投票。这一转变和代议民主制度的发展相关。

第一节　雅典民主政治中的投票表决方式

一、雅典民主的尝试——以抽签为主

雅典早期的抽签制度不产生候选人,所有符合条件的公民都可以参加抽签选举。公元前594年开始的梭伦改革使得第四等级公民也能参加公民大会,在公民大会中首次实现了以多数投票做政治决定的原则。梭伦重新制定的选官方法是先由各部落分别投票选出候选人,然后在候选人中抽签选举。[①] 梭伦改革中出现的投票选举候选人的做法就是利用多数决实现民主的方式,是现代多数决的雏形,它摆脱了抽签的盲目性,在一定程度上兼顾了公平和理性。

公元前8世纪,贵族议会有任命执政官的权力和司法权,履行职责的过程可能涉及某种正式的投票行为。虽然雅典以抽签产生官员,但特殊才能的将军则由直接选举产生。[②] 在当时的环境下,抽签被认为是民主政治的基石。使用抽签是为了实现政治平等,能保证轮番而治,因为民主政治的原则就是社会利益要在公民间自由分配。此外,抽签也能减少选举中的舞弊行为和派系斗争。

---

① 崔丽娜:《古典时期雅典的投票选举制度》,首都师范大学出版社2007年版,第25页。
② 崔丽娜:《古典时期雅典的投票选举制度》,首都师范大学出版社2007年版,第8—9页。

可见,投票并不是民主的最初选择,甚至也不是最公平的制度,抽签要比投票选择更加公平,但投票却比抽签更理性,更符合实质民主的要求。关于抽签和投票到底哪种方式更能促进民主,不少西方思想家支持抽签。虽然卢梭赞同抽签是民主制本性的说法,但认为抽签选举是需要条件的。首先,要在真正的民主制度下,这样才能保证每个人都是平等的,品德和能力也是相同的。同时,卢梭也认为,真正的民主制是不存在的。他指出,在真正民主制下,行政职位是无利可图的,在行政机构任职意味着责任。通过抽签决定选择这个人而不选择那个人是公平的,任何人无权把这个职位强加于人。在这种情况下,被选择人的条件都是相同的,选择不取决于任何人的意志。对于需要专门才干的职位,例如军事职位,就要投票选举。一些需要智慧和正义的岗位,例如审判职位则可以通过抽签选择,因为在一个体制优良的国家里,这些素质是公民所共有的。①

二、雅典民主的尝试——投票选举

（一）按照官职岗位的不同采用不同选拔方式

在雅典也并不是所有的官员都由抽签产生,主要依据官职的岗位要求,采用不同的官员选拔方式。雅典已经设计出精妙的政治制度,针对不同的事项分别采用抽签和选举的表决方式。在政治会议与法庭中,通常采取投票的形式,甚至还使用纸质选票。一般官员每年轮流执政,通过抽签来任命。在罗马,选任官员和制定法律都有精心设计的集体投票程序,继而成了一种独特的"技艺"。②

根据资料显示,雅典产生的1 200名官员大部分通过抽签产生,只有其中100名官员是通过选举产生的。雅典人运用抽签以显示他们关于所有公民都能够并且有权利担任官职的信心,体现了直接民主的特点。雅典人的政治智慧还在于对于一些重要且需要丰富经验和专业技能的岗位,例如,十将军委员会采用选举的方式。并且,他们还用一些配套制度来尽量消除抽签制度的弊端,例如事先对候选人的服务意愿进行评估,同时也会对候选人在公众事务中的品行状况进行审核,以保证被抽中的人是受人尊敬且守法的。事实上,这为

---

① ［法］让-雅克·卢梭:《社会契约论》,张灿金、曹顺发译,中国法制出版社2016年版,第118—119页。
② ［美］梅丽莎·莱恩:《政治的起源》,刘国栋译,上海文艺出版社2018年版,第15—16页。

参与抽签的候选人设置了最低的条件,并且这些被抽中的官员每年还要进行轮换。[1]

(二)区分公开投票和无记名投票

不仅如此,雅典还区分了公开投票和无记名投票。公开投票常用于制定政策或选举官员,无记名投票则适用于法庭议事。当时的雅典已经具备了这一现代的政治理念,即大部分官员由抽签抓阄任命,但最重要的官员必须经过伴有起誓的无记名投票或最严格的表决来委派。

雅典公民大会是雅典直接民主的体现机构,一般采用举手表决的公开方式,有关个人荣誉和命运的事项则采用无记名投票,陶片放逐制[2]就是例证。公元前6世纪末,克里斯提尼改革创造了陶片放逐制。雅典公民可以在陶片上写上那些不受欢迎或者有可能成为僭主的人的名字,通过投票将可能威胁雅典民主制度的政治人物予以放逐。具体程序如下:每年6月先由500人议事会向公民大会提出议案,由公民大会决定该年是否实行陶片放逐。公民大会进行举手表决,如果多数人表示赞成则要举行陶片放逐,并定下具体日期。陶片放逐会议一般在阿哥拉举行,会场中央摆好10个投票箱,对应10个部落。选票即为陶罐碎片,选民选取碎片较为平坦处刻上他认为应该被放逐者的名字,然后将写好的选票正面朝下,放入本部落的投票箱。投票完毕由执政官清点票数。因为雅典规定开会必须要达到6 000人的法定人数,如果总票数没有超过6 000票,则本次投票无效。如果超过6 000票,则选择得票最高的人进行放逐,限期10天内离开城邦。陶片放逐闪耀着民主的光辉,公民就是否对政治人物实行放逐以及放逐谁进行无记名投票。

雅典的500人议事会兼用无记名投票和举手表决方式,即通过议案和审查官员时,议员举手表决,当表决涉及某人的权力和地位时,例如,任命官员和其他事务时则采用无记名投票。公开投票有助于提高决策的透明度,但很难避免贿赂、恐吓等有碍公正的情况发生,在决定全体公民利益事项时,这类弊端的可能性比较小,但当关系个人利益和前途时,这种弊端就很明显。[3]

---

[1] [美] 梅丽莎·莱恩:《政治的起源》,刘国栋译,上海文艺出版社2018年版,第16—17页。
[2] 崔丽娜:《古典时期雅典的投票选举制度》,首都师范大学出版社2007年版,第118页。
[3] 崔丽娜:《古典时期雅典的投票选举制度》,首都师范大学出版社2007年版,第124页。

（三）设置了较为完善的程序

雅典构造了精妙的官员选拔制度,除了采用抽签和投票相结合的选择方式,雅典还设置了与此相适应的程序。例如,建立了对官员履新前的审查,以实现对他们的限制。当抽签制可能会破坏人民对官员正直品行的期待时,则会采用审查手段。另外,每一位官员在职务届满之际,都要提交述职报告,包括财务报告和一般的执政绩效检查报告。① 这和现代民主制度要求官员向人民负责的理念非常接近。除了注重对官员的任前审查,雅典还注意平衡精英政治和公众参与之间的博弈。例如,雅典规定采用人数众多的公众陪审员来裁决几乎所有的法律案件,从而架空了专业法官,剥夺了古老贵族机构的司法权力。②

三、雅典民主投票的不利影响

雅典民主发展历程中所建立的投票表决制度并不成熟,在实践中也暴露了扩大公民参与和"集体非理性"的矛盾,以及"精英政治"和多数暴政之间的矛盾。

（一）集体非理性

雅典民主作为民主制度的开创者存在很多弊端,虽然其为公民参与提供了畅通的渠道,但同时也会受到群体决策盲目性的影响。由于当时公民了解政治现象的渠道单一,故容易受演说家的演讲影响。演说家为了达到自己的目的,往往在演讲中掺杂与事实不符的信息。公民要想从中剥离出完整的、正确的信息比较困难。再加上演说家善于利用修辞的力量增强演说的感染力,群众被误导的现象较多。古希腊作家、历史学家希罗多德曾感叹:"欺骗一群人比欺骗一个人容易。"③

集体非理性的另一体现是民众对政治家的态度。从公元前 490 年—公元前 322 年,大约有一半的政治家曾不同程度地受到群众的惩罚,其中虽不乏罪有应得者,但大部分控告的起因是作战失败。④ 民众受感情因素的影响,不管

---

① [美] 梅丽莎·莱恩:《政治的起源》,刘国栋译,上海文艺出版社 2018 年版,第 138 页。
② [美] 梅丽莎·莱恩:《政治的起源》,刘国栋译,上海文艺出版社 2018 年版,第 15—16 页。
③ 崔丽娜:《古典时期雅典的投票选举制度》,首都师范大学出版社 2007 年版,第 138 页。
④ 崔丽娜:《从群体决策的角度看雅典民主的弊端》,《首都师范大学学报》(社会科学版)2006 年第 2 期。

将军们作战失利的原因是什么，凡是战败的将军，往往会背上背叛的罪名，成为法庭上被控告的对象。民众在集体决策制下，容易陷入"集体癫狂"，做出非理性选择。

事实上，近代以前"民主政治"名声不佳，这与直接民主制度容易导致非理性选择这一弊端有关。只是随着近代民主国家的建立，"民主"这个词才有了闪耀的光彩。柏拉图与亚里士多德曾对"民主"政治提出尖锐的批评，修昔底德、阿里斯托芬与同时代的历史学家（作家）们几乎都在聚焦雅典民主的缺陷（例如专横武断和愚昧无知），这是因为雅典的民主政治过分包容了无知群众，它缺乏能引起人们足够重视且高瞻远瞩的协商与决策。到了18世纪晚期至19世纪，英国、美国等政治思想家与实践家们提出了民主的最新发展成果——"代议制民主"，雅典民主的地位才得以"正名"。① 正如托马斯·潘恩所言，雅典如果加上代议制成分的话，那么它将超越自己原有的民主政治。② 这种情况和直接民主制投票制度的弊端有关，因为它缺乏对群体决策必要的约束机制，民众按自己的想法投票，哪怕被证明是一次错误的表决也无需承担责任。

（二）无序和多数人的暴政

雅典民主有引发多数人暴政的隐患，多数人在无理性和无序状态下往往会形成多数人暴政。亚里士多德认为有两种不同的平等观念在起作用：一种是"数量相等"，即单纯计算公民的数量，倾向于把公民数量与民主政治联系在一起；另一种是比值相等，认为只有拥有平等价值——（包括德行上和财富上平等）的人们才是平等的。苏格拉底从阶级立场、伦理道德等角度全面批判民主政治的"弊端"，指责雅典人用单纯的数量平等取代了真正的比例平等。苏格拉底说：人民大众的统治，在雅典那里最终演变为不讲法治、抛弃道德、剥削富人的多数人暴政。③ 雅典民主只强调数量上的平等而忽视了德行上的实质平等，有多数人暴政的隐患。

西塞罗是古罗马著名的政治思想家，他也认为雅典民主容易导致多数人暴政。在谈到对弗拉库斯判决的投票时，他说：这是"暴怒中的群氓的举手和无约

① ［美］梅丽莎·莱恩：《政治的起源》，刘国栋译，上海文艺出版社2018年版，第128页。
② ［美］梅丽莎·莱恩：《政治的起源》，刘国栋译，上海文艺出版社2018年版，第129页。
③ ［美］梅丽莎·莱恩：《政治的起源》，刘国栋译，上海文艺出版社2018年版，第220页。

束的喊叫"。① 他反对公众投票和集会,认为不管是公众投票还是公众集会,都可能带来多数人的暴政。公众投票是以单纯的数量来决定最后的结果,数量体现了民主的广泛性,如果没有其他的保障制度,民主的广泛性并不能决定民主的质量。

根据普鲁塔克的观点,公民在决定政治人物命运的投票中,有的凭借着嫉妒和恶意就能做出。普鲁塔克在书中讲述了一个案例,在决定是否流放阿里斯提德的会议上,一个农民因自己不会写字,要求正好坐在他身边的阿里斯提德代替自己在陶片上写上阿里斯提德的名字。当后者惊奇地问他为何要同意流放阿里斯提德时,农民回答说:"我甚至还不认识这个人,但是到处都称呼他为'正义',我实在听烦了。"②这是典型的非理性投票,既缺乏为公众服务的责任感,也没有对信息的充分掌握,甚至缺乏理性判断的能力,只是表达"嫉妒情绪"等非理性情绪的一种方式。

因此,尽管雅典民主创造性地设计了针对投票弊端的一些制度,例如在选任官员时采用抽签和投票相结合的办法、对抽签产生的官员进行候选人资格审查、所有的官员在卸任前都要汇报工作并进行审查等。雅典民主倡导公众参与,却没有使公众承担责任后果的制度,在不负责任的投票冲动下,公众参与的无序和非理性必然带来恶果。由于无责任承担带来的投票非理性,既成为无记名投票与生俱来、难以消除的弊端,也成为无记名投票被诟病的最大原因。在资本主义社会早期的公民投票,一度拒绝采用无记名表决的方式,而是全部采取公开投票。代议制度的显著特征——责任政治也成为议员投票表决拒绝采用无记名投票的重要理由。

第二节　资本主义国家选民投票方式的演变——以英国为典型

早期的文明历史对"民主"多是负面评价,自从 19 世纪以后,以英美为代

---

① [古罗马]西塞罗:《为弗拉库斯辩护》,哈佛大学出版社 2001 年版,第 458—461 页,转引自晏绍祥:《民主还是暴政——希腊化时代与罗马时代思想史中的雅典民主问题》,《世界历史》2004 年第 1 期,第 49—58 页。
② [古希腊]普鲁塔克:《希腊罗马名人传》(上册),陆永庭、吴彭鹏等译,商务印书馆 1990 年版,第 319—320 页。

表的西方代议制民主国家兴起,证明了民主政治的生命力,雅典民主政治的形象才逐渐从负面转向正面。[①] 代议制度是当今社会的普遍政治体制,代议制度中有选民投票和代议机构的代表(议员)投票[②]两种投票机制。在这两种模式下,投票方式经过了历史的变革和发展。虽然议会中的立法者投票(以下简称议会投票)和议会选举中的选民投票在性质上不同,适用的投票方式也不同,但是公开投票和无记名投票在这两种事项上呈现出共同的特点和相似的弊端。了解选民投票方式变迁的历史和争论的焦点,对我们了解投票方式的本质和适用规律有很大的帮助。

一、英国选民投票方式的变迁

英国是最早确立议会制的国家,议会是英国的最高立法机关并由它产生政府,议会下议院的议员由选民直接选举产生。近代以来,英国的议会制度日趋完善,并于 1832 年开始进行议会改革,这一改革侧重于改革议会选举制度,尤其以选举资格和投票方式的改革为核心。[③] 英国在这次议会改革中对议员选举的投票方式进行了激烈的辩论,最终实现了从公开投票到无记名投票的转变。

(一)土地贵族控制了早期的议员选举

改革前的英国议会不过是建立在腐败的选举制度上的一个寡头立法机关。对当选议员有财产的要求,但各地有不同的标准。教区税市,以纳教区税作为选举的条件;自炊者市,以"自炊"为选举的条件;租地市,以租地法规定选举权的享有资格。此外,还有团体市和自由人市。[④] 从英国建立资本主义制度至 19 世纪初期,英国各地对议员选举资格的规定各不相同,没有形成统一的法律规定,并且逐步落后于生产实践的发展。

随着产业革命的发生,英国的社会发生了剧烈变化,有的地方人口暴增,工业发达;有的地方民生凋敝,人口锐减。在一些经济发达的大城市,人们采

---

① 晏绍祥:《民主还是暴政——希腊化时代与罗马时代思想史中的雅典民主问题》,《世界历史》2004年第 1 期,第 49—58 页。
② 各国代议机关组成人员名称不同,有的称"议员",有的称"代表",为行文方便,本书一般采用"议员",涉及中国时则称"代表"。
③ 蒋劲松:《议会之母》,中国民主法制出版社 1998 年版,第 77 页。
④ [英] 阿格:《英国政府及政治》,张云伏译,神州国光社 1931 年版,第 269 页。

用言词表决、公开投票的方式进行选举。在一些人口较少的郡县,选举则成了少数富翁的操纵工具。有的土地贵族一人就能控制六七十个议席,受其指派的代表成为"议员老板",他们经过"选举的正式手续",可以把议席赠与亲友,甚至还刊登广告出卖或出租议席,使买受者可以进入这个有"世界上最好俱乐部"之称的众议院,以抬高其社会地位。①

当时采用传统的公开投票的办法,以方便土地贵族们操纵选举。在公开投票的方式下,选民选了谁,旁人一清二楚。土地贵族们公开标价,选民如果投票给他们指定的候选人便可以获得金钱。此外,他们还采用宴请选民、赠送礼品、给予好处等手段。如果这些不管用,他们还会进行赤裸裸的报复和惩罚。例如,1819 年 6 月 26 日的一张通告列举了所谓独立选民的名单,宣布所有这些选民要一律搬出属于勒斯布里奇公爵的房屋,原因是这些选民在上次选举中没有投票给巴罗勒特的妹夫。② 为了保障自己的生存利益,选民们往往屈从于土地贵族的要挟。

(二)宪章运动提出了无记名投票的改革要求

1832 年开始的议会改革是工业资产阶级向土地贵族争夺政治权利的开始。当年通过的《1832 年改革法案》扩大了下议院的选民基础。法案重新分配了议席,放宽了选举资格,降低了对选民的财产要求。这次改革使英国的选民人数从 48.8 万增加到了 80.8 万,改变了下议院由保守派独占的状态,扩大了中产阶级在议会的势力,是英国议会史的一次重大改革。③

但是《1832 年改革法案》主要针对议员选举资格进行了改革,并没有满足无产阶级改革的要求。19 世纪 30 年代,英国爆发了宪章运动,这是世界上第一次无产阶级革命运动。1838 年年初,伦敦工人协会起草了议会改革草案,称为《人民宪章》(*The People's Charter*),内容主要有六点:一是赋予 21 岁以上的男子选举权;二是议会每年改选;三是进行无记名投票;四是议员有偿工作;五是取消参选议员的财产资格限制;六是选区进行平均分配。这份请愿书在工人协会表决通过,之后,请愿书开始在全国各地征集签名。仅 1 个多月即征集到了 128 万人的签名。工人阶级为争取《人民宪章》的施行,举行了游行、请

---

① [英] 阿格:《英国政府及政治》,张云伏译,神州国光社 1931 年版,第 273 页。
② 蒋劲松:《议会之母》,中国民主法制出版社 1998 年版,第 78 页。
③ 陈敏昭:《英国议会制度及其改革》,《人大研究》2009 年第 6 期,第 37—40 页。

愿、联名上书等行为,这段历史被后世称为"宪章运动"。①

19世纪50年代初,投票成为一个积极的改革议题,这主要与1852年议会大选暴露出的腐败行为有关。这次大选中的贿赂、恐吓、胁迫和"款待"(候选人赠送礼物给选民)导致民众发起了一场新的政治改革运动。英国议会于1854年颁布《反腐败法》(Corrupt Practices Act),试图打击选举舞弊,但是并没有推动选举方式改革。

(三)通过法案确立无记名投票机制

经历了动荡不安的辩论时期后,英国国会于1872年通过《投票法案》(The Ballot Act),确立了无记名投票机制,成为这次议会改革的重要成果。

该项法案包括两项重要内容:首先,无记名投票的机制包括一项能符合"审查原则"的规定,因为有人怀疑如果不能在必要时确定选民的投票方式,无记名投票也会导致新的选举腐败和选举舞弊。毕竟,怎么检查一个人是否多次投票或者官员有没有"填塞选票"呢?这种担忧是对无记名投票能否在实践中真正实施而提出的疑问,这绝对不是杞人忧天。没有无记名投票的保障机制就不可能真正实现无记名投票。其次,该法案另一项内容也经过了激烈的辩论,即是否对那些向他人展示选票的选民进行惩罚。最终,实施惩罚的建议遭到了强烈抵制,所以,《投票法案》并没有规定对这类行为进行刑事处罚。②

二、英国议会改革中关于选民投票方式的辩论

就选民投票而言,无记名投票已成为"公理",被称为"民主王冠上的宝石"。《世界人权宣言》第21条规定:"选举应依据普遍和平等的投票权,并以不记名投票或相当的自由投票程序进行。"《公民权利和政治权利国际盟约》《欧洲联盟综合条约》《议会间委员会关于自由和公平选举标准的宣言》都要求无记名投票,甚至以投票的秘密程度作为评判选举程序正当性的指标。事实上,无记名投票是19世纪下半叶开始逐渐被澳大利亚、欧洲和北美的议会选

① 孙骁骥:《英国议会往事:议会不是一天开成的》,中国法制出版社2011年版,第172页。
② Tom Theuns. Jeremy Bentham, John Stuart Mill and the Secret Ballot: Insights from Nineteenth Century Democratic Theory. *Australian Journal of Politics and History*, Vol. 63, No. 4, 2017, pp. 493-507.

举所采用,并经历了广泛辩论和曲折发展,并最终取代了公开投票,成为资本主义国家主要的选民投票方式。

选民的投票方式曾在英国引发持续的辩论,作为 19 世纪英国议会改革的一部分,引发了激烈争论。当时,投票应公开还是秘密进行不只是学术界讨论的话题,同时也是社会公众热烈讨论的内容。"杂志和报纸上充斥着关于此问题的观点的文章,一些相关的小册子被反复印刷,直到它们的读者扩大到成千上万。"①

19 世纪 30 年代,密尔支持无记名投票,但是后来发生了令人意想不到的转变。1858 年,密尔发表《关于议会改革的思想》,开始支持公开投票,并在其经典著作《代议制政府》中用一章的篇幅阐述了他支持公开投票的理由。其他赞成无记名投票的还有边沁等。这次的大辩论论证了投票本身的性质,即究竟是权利还是义务、是否有代表他人的必要,同时也从投票的终极目的上进行分析,讨论哪种方式更能产生经过理性分析的高质量投票,以及哪种方式更能减轻不正当的投票压力,以促成公正的投票结果。

(一)投票是权利还是责任

当时拥护无记名投票的很多人把选举权作为自己享有的权利,认为其行为不用对公众负责。既然如此,公众当然就没有权利知道选举人的投票情况。密尔分析了这个影响大众印象的逻辑思路:如果把投票作为一项对公众的责任,那么就意味着公众有权利知晓投票内容;如果把投票定性为投票人的权利,那么他就可以为了自己的特定立场和利益而投票,当然可以对公众保密。②

密尔认为选举权是一种政治责任,而所有的政治职责都不同于纯粹法律意义上的权利,这种职责是支配他人的权力。"行使任何政治职能,无论是作为选举人还是代表,都是对他人的权力。"③密尔举例对政治职责和个人权利进行区分,他说,如果选票完全属于选民自己的话,我们就没有理由指责卖掉选票的人,就像没有理由要求一个人在使用自己住宅时考虑公众的利益。④

---

① Tom Theuns. Jeremy Bentham, John Stuart Mill and the Secret Ballot: Insights from Nineteenth Century Democratic Theory. *Australian Journal of Politics and History*, Vol. 63, No. 4, 2017, pp. 493 – 507.
② [英] J.S.密尔:《代议制政府》,汪瑄译,商务印书馆 1982 年版,第 149 页。
③ [英] J.S.密尔:《代议制政府》,汪瑄译,商务印书馆 1982 年版,第 150 页。
④ [英] J.S.密尔:《代议制政府》,汪瑄译,商务印书馆 1982 年版,第 150 页。

密尔认为选举权不同于房产权之类的个人权利，而是类似于陪审员裁决，不是一件可以按照自己愿望任意选择的事情。虽然可以为了维护自己的利益而投票，但同时也有维护自己同胞利益的责任。[①]"投票的义务和其他公共责任一样，应该在公众的注视和批评下履行。"密尔认为投票和做陪审团成员的义务一样，都是在履行公共责任，投票内容如果不公开就无法追责。因此，选民和立法者一样，都在履行公共职责，应该公开投票。[②]

乔治·霍约阿克在支持无记名投票的宣传册中提出了不同的理由。他认为投票完全是私人的事情，这一观点被马尔科姆·克鲁克和汤姆·克鲁克总结为："投票是一种私人行为，通过这种行为，选举人宣称自己在国家中的私人利益。"[③]乔治·霍约阿克认为，"一个人投票就像结婚，不是为了邻居满意，而是为了自己满意。"[④]这种观点认为，投票是个人偏好的表达，具有隐私的法律属性，而由隐私权又推导出投票也具有秘密性。他宣称："投票并不是坏的意义上只为了腐败的目的的无记名投票，而是合法意义上的安全、保护隐私的秘密投票权。"[⑤]

反对密尔意见的人认为，投票和结婚不同，因为民主投票是公共事务，投票的后果是由公众承担的。结婚是对自己的生活做出的选择，不会对他人的自由产生影响。所以，一个人可以自由甚至自私地对待结婚（恐怕任何人都是基于自私的理由而结婚的）。相反，民主治理则是集体控制的强制性事业，个人的投票会影响他人的自由。因此，投票不是完全的个人权利。[⑥]

也是在这个意义上，有人主张，议会议事中的投票表决和选民选举的投票具有不同的性质，之所以议会议事要采用公开投票的方式，是因为议员有特殊

① ［英］J.S.密尔：《代议制政府》，汪瑄译，商务印书馆 1982 年版，第 150 页。
② Annabelle Lever. Mill and The Secret Ballot, Beyond Coercion and Corruption. *Utilitas*, Vol. 19, 2007, pp.354 – 378.
③ Malcolm Crook, Tom Crook. Reforming Voting Practices in a Global Age. *Past & Present*, Vol. 212, Issue 1, 2011, pp.199 – 237.
④ Holyoake. *A New Defence of the Ballot, in Consequence of Mr. Mill's Objections to It*. London: Book Store, 1868, p.8.
⑤ Holyoake. *A New Defence of the Ballot, in Consequence of Mr. Mill's Objections to It*. London: Book Store, 1868, p.8.
⑥ Tom Theuns. Jeremy Bentham, John Stuart Mill and the Secret Ballot: Insights from Nineteenth Century Democratic Theory. *Australian Journal of Politics and History*, Vol. 63, No. 4, 2017, pp.493 – 507.

的权力和权威,也因此要承担普通选民所没有的责任。而密尔关于公开投票的论点将选民投票等同于做出具有集体约束力的立法表决,从而暗示人们在选择代表时行使的是一种特殊责任,而不是行使公民的一项基本权利。① 总之,认定投票是权利则意味着可以自由行使,不需要向他人公开;如果认为投票是一种公共责任,则意味着要向公众负责,需要接受公众的监督和追责,就需要向公众公开,以便接受监督和追责。

（二）是否要代表他人投票

在资本主义社会早期,选举权还没有普及,有无选举权是公民和非公民的重要标志。取得选举权的公民就意味着拥有特殊的权力和地位,投票不仅要表达自己的利益和诉求,而且还要代表无选举权人的利益。密尔认为选民投票是一定程度上的代表行为,这也是反对无记名投票的理由。这种观点认为,有投票权的人不仅应该为自己和自己的政治利益投票,而且也应该考虑公众的利益,考虑那些无法投票表达自己观点的公众利益。因此,投票应该采取公开的方式,以便让选举权的享有者向无选举权者负责。这种推理逻辑在 19 世纪 30 年代非常流行。

当时的英国正在新兴资产阶级领导下进行议会改革,在为扩大选举权进行斗争,很多工人还没有选举权,妇女也在为争取选举权而斗争。密尔认为,投票人要代表没有投票权而受到投票后果影响的人,根据他所能做出的判断来投票,"恰如在只有他一个选举人并完全由他决定选举的情况下所要做的那样。"②密尔认为,目前的选举人多数是中产阶级,有着和工人阶级不同的利益,即使选举权扩大到所有的技术工人,还有妇女的特定利益的问题。不同的阶级和阶层之间并不能完全理解并站到对方的立场考虑问题,如果被代表的一方连事关自身利益的投票情况都不知道,就未免过于苛刻。例如,当时的女性还没有选举权,如果议会中有涉及妇女是否被允许接受高等教育、已婚妇女是否有权享有自己的财产等事项的投票,而女性都无从知晓自己的丈夫或父亲究竟对此投了赞成票还是反对票,这将是不公平的。③

---

① Tom Theuns. Jeremy Bentham, John Stuart Mill and the Secret Ballot: Insights from Nineteenth Century Democratic Theory. *Australian Journal of Politics and History*, Vol.63, No.4, 2017, pp.493 – 507.
② [英] J.S.密尔:《代议制政府》,汪瑄译,商务印书馆 1982 年版,第 152 页。
③ [英] J.S.密尔:《代议制政府》,汪瑄译,商务印书馆 1982 年版,第 155—156 页。

乔治·格罗特反对这种观点,他认为,"强调公开投票以履行对无投票权人的信托是不必要的,因为选民不应对已被排除在选举权之外的非选民负责,也不对非法利用其权力和地位的富人负责。"①这一观点否认选举人要对非选举权人负责,认为非选举人的意见不能影响投票行为,如果这种意见能使选举人的投票更公正、更有益,那么非选举人就更胜任做选举人,应该自己去做选举人。②

密尔对这种观点进行了反驳,他认为没有选举权的人并不意味着不能对选举施加影响。首先,他认为能影响选举人的人并不一定自己适合当选举人。选举是一种要求比较高的政治职能,对于穷苦的劳动人民来说,他们没有足够的智识和道德水平行使选举权,但是他们的意见对选举人来说是非常重要和有益的。其次,密尔认为,即使实现了普选权,公开投票也是有益的。对一个实现了普选的社会而言,其意味着公民素质大幅提升,人们普遍接受教育,每个人都能阅读并且有权进行投票,公众舆论会比之前的影响力更大。公开投票能接受舆论监督,在舆论的鼓励或限制下,人们更能避免偏私,公正地进行投票。③

这种讨论由当时的历史环境所决定,与当时还没有实现普选权有关。一旦所有成年公民都获得普选权,投票将不再意味着特殊地位和责任,对投票赋予特殊义务和特定限制的做法也将失去意义。④ 在古罗马时期,"公民身份"不等于"选举身份",只有部分自由公民才有选举身份。到了资本主义初期,立法者仍然有这种意识,即只有立法者才有权决定判断民族意志的最佳条件,并指定负责表达这一意志的公民。选民只是由一个国家的法律安排并符合特定客观条件的公民,其以国家名义、为了国家利益而行动。⑤

公开投票还有一个功能,即能帮助区分"盟友"。英国议会革命时期,部分宪章派人士指出,通过公开投票,被剥夺公民权的人至少能够确定谁是"站在

① Park J. H. England's Controversy over the Secret Ballot. *Political Science Quarterly*, Vol. 46, 2007, p.57.
② [英] J.S.密尔:《代议制政府》,汪暄译,商务印书馆1982年版,第156页。
③ [英] J.S.密尔:《代议制政府》,汪暄译,商务印书馆1982年版,第156—158页。
④ Annabelle Lever. Mill and The Secret ballot. Beyond Coercion and Corruption. *Utilitas*, Vol. 19, 2007, pp.354 - 378.
⑤ [法]科特雷:《选举制度》,张新木译,商务印书馆1996年版,第9页。

他们一边的"。① 这两种看法都是基于投票是公共责任的定位,通过公开投票,人们可以识别哪些投票人是支持自己的"盟友",哪些投票人做出了违背他们利益的投票行为,从而决定对投票人做出支持或反对的态度。

（三）能否抗拒外来投票压力

密尔认为,两种压力会影响投票公正:一是来自外界强制力的影响;二是投票人自私的、可耻的情感。在不同的社会环境下,影响投票正当性的来源不同。在外来压力较小的社会环境中,选举人自己"有害的利益和可耻的感情"更易导致不正当投票。而在人民权利弱小、公民独立性较低的社会,如果实行公开投票,不会体现出对公众负责的原则,而实际上变成对某个强有力的个人负责。②

一般认为,无记名投票在抗拒腐败和外来强迫方面比公开投票更有优势。无记名投票的具体内容只有投票人自己知道,无记名投票程序就如同投票人的保护装置,把可能对投票人施加影响的直接压力甚至隐性的压力都排除在外,保证投票人可以完全按照自己的判断投票。并且,由于投票内容无法向外人公开,即使胁迫和恐吓也会因为不能辨识投票情况而难以实现。虽然可能面临胁迫和威吓是公开投票的严重弊端,但有观点认为,少量的威胁不足以作为理由,必须达到足够严重的程度才能抵消公开投票的积极作用。

议会改革前的英国普遍实行公开投票选举,投票过程充斥着收买、贿赂和威胁。在当时的贵族社会里,农民对土地贵族的依附性很强,地主可以强迫佃农投票给他们支持的候选人。正如激进的国会议员乔治·格罗特在对下议院的讲话中指出的,鉴于贵族能决定谁将当选,下议院的议员不会具有很好的代表性,选民登记册只不过是一个易于受到影响的人的登记册,只要长官高兴,选民就会被要求履行强制投票义务。密尔也认识到,那个时期"在议会议员的选举中应该防止的主要弊病,即地主、雇主和主顾施加的强制压力是无记名投票要加以排除的。"③正如前述分析,公开投票的弊端加剧了收买和威胁的效力,英国的议会改革也是在这种环境下产生的。

---

① Tom Theuns. Jeremy Bentham, John Stuart Mill and the Secret Ballot: Insights from Nineteenth Century Democratic Theory. *Australian Journal of Politics and History*, Vol. 63, No. 4, 2017, pp. 493 – 507.
② ［英］J.S.密尔:《代议制政府》,汪暄译,商务印书馆 1982 年版,第 152—153 页。
③ ［英］J.S.密尔:《代议制政府》,汪暄译,商务印书馆 1982 年版,第 153—154 页。

当时支持无记名投票的代表人物是边沁,他从功利主义的角度出发,指出无记名投票能真实反映每个选民的偏好,从而集合为社会的最大偏好。功利主义以"最大多数人的最大幸福"为评价是非善恶的标准,并把这种功利主义标准引入到英国的政治法律改革中。[①] 边沁从 1791 年开始支持无记名投票,他提出的理论在 1817 年议会改革计划中占据了中心位置。他的理论假设是:公开投票干扰了选民的实际意愿,而选举的目的是确定普遍利益。他认为这是个人利益的总和,民主投票程序提供了测试每个选民偏好的机会。因此,投票必须忠实反映选民的愿望和利益,不受任何外部的压力,而公开投票则会破坏个人利益的准确汇总。[②] 边沁的主张得到了"哲学激进分子"的支持,他们是 19 世纪一群松散的政治思想家和活动家,致力于改革英国的议会政治,倡导扩大选举投票权和实行无记名投票。[③]

无记名投票能否起到抗拒压力的作用和当时的社会状况有关。密尔以罗马帝国的衰落时期举例,当时的少数寡头越来越强大,人民权利则越来越弱小,他认为如果当时再实行公开投票,则选举会变成"肆无忌惮的重要人物手中的单纯工具"。密尔还举例说明,即使在民主社会,例如在古希腊共和国里也会出现无记名投票更合适的情况。在当时的希腊,虽然选民没有被普遍强制投票,但是面临被收买或被威胁的情况。这时,无记名投票就成了维护社会秩序、达到公正选举的手段。[④] 在外来强制压力、收买或威胁的压力较大的情况下,无记名投票更能赢得公正的结果。19 世纪 60 年代,密尔认为选民应该能够顶住来自其他的压力,不应该再恐惧贿赂和恐吓。尽管他也承认在某些情况下保密是必要的,通过保密寻求保护来避免邪恶的伤害并非怯懦的表现。总之,他认为在当时的年代,已经有条件在英国实行公开投票了。[⑤]

同时,密尔也没有高估无记名投票抗拒外来压力和威胁的效力。密尔相信,如果采用无记名投票仅仅因为它能保护选民免受贿赂和恐吓,那么,在无

---

① 王连伟:《密尔政治思想研究》,黑龙江大学出版社 2007 年版,第 7 页。

② Tom Theuns. Jeremy Bentham, John Stuart Mill and the Secret Ballot: Insights from Nineteenth Century Democratic Theory. *Australian Journal of Politics and History*,Vol.63,No.4,2017,pp.493-507.

③ Tom Theuns. Jeremy Bentham, John Stuart Mill and the Secret Ballot: Insights from Nineteenth Century Democratic Theory. *Australian Journal of Politics and History*,Vol.63,No.4,2017,pp.493-507.

④ [英] J.S.密尔:《代议制政府》,汪暄译,商务印书馆 1982 年版,第 152—153 页。

⑤ Annabelle Lever. Mill and The Secret Ballot: Beyond Coercion and Corruption. *Utilitas*,Vol.19,2007,pp.354-378.

记名投票方式下,同样也可能面临这种威胁。在无记名投票下,强迫人们向任何提出要求的人披露他们的投票意图难道就是合理的吗?[①] 密尔认为无记名投票在抵抗外来压力方面的作用有限。

(四)能否克服投票人的自私情感

密尔认为,除了来自外界强制力的影响,投票人自身自私的情感也会影响投票的公正性,公开投票更方便舆论监督,从而达到投票公平。每个人都有其自己的利益,可能和社会的整体利益不同,很多选民有两套选择:一是基于个人利益的选择;二是基于公共利益的选择。只有基于公共利益的投票才是人们愿意公开的。密尔指出,人们在无记名的情况下比在公开状态中更容易有贪欲和恶意,易产生偏见,并做出不公正的投票。相反,在公开投票方式下,对正直的、少数的尊重成了对坏的、多数的唯一限制。对正直的尊重和对自己可耻私念的羞耻感会对投票行为进行节制,而这种效果只有公开投票才能达成。[②] 因此,在投票压力来自外界时,无记名投票更能避免不正当压力的影响。当外界压力较小且投票人内心的自私考量对投票结果影响较大时,公开投票更能使投票人压制自己的自私情感,达成公正投票的结果。

密尔认为,随着个人对雇主或地主依赖性的减弱,雇主或地主对投票的控制力减弱了,在多数情况下,选举人的投票往往不再受强制,而是凭自己的喜好来进行选择。无记名投票能使投票人心安理得地顺应自己的"私心"投票,而没有任何羞耻感或责任感。[③] 按照密尔的观点,在选择投票方式时,要根据当时的社会环境进行衡量,如果外来压力不大,选择无记名投票方式将解除对选举人的有害利益和可耻感情的限制,这是因小失大的不明智选择。[④]

把无记名投票等同于自私、可耻,这在当时并不是少数人的想法。1839年,西德尼·史密斯牧师在《爱丁堡评论》上发表重要文章称:"无记名投票是一种可恶的暴政,它迫使那些讨厌一切隐瞒、对自己支持的事业而自豪的人隐瞒自己的选票。"[⑤] 还有人在私人信件中这样写道:"(无记名投票)会破坏英国

---

① Annabelle Lever. Privacy and Democracy: What the Secret Ballot Reveals. *Law, Culture and the Humanities*. Vol.11, 2015, pp.164 - 183.
② [英] J.S.密尔:《代议制政府》,汪瑄译,商务印书馆1982年版,第158—159页。
③ [英] J.S.密尔:《代议制政府》,汪瑄译,商务印书馆1982年版,第153页。
④ [英] J.S.密尔:《代议制政府》,汪瑄译,商务印书馆1982年版,第153页。
⑤ Park J. H. England's Controversy over the Secret Ballot. *Political Science Quarterly*, Vol. 46, 2007, p.61.

人的性格……站在投票箱前,恐惧地左右张望,然后把我们的选票投了进去,而选票上的内容是我们害怕或羞于承认的内容。"①当时的英国仍然保持传统的观念,认为无记名投票是虚伪的、怯懦的做法,并且会导致自私自利的投票。

密尔还认为无记名投票会导致人们说谎、破坏道德,因为议会选举中通常存在阶级和地位差别,可能出现强迫投票人回答有关他投票情况的问题,这时投票人的沉默或含糊其词的回答会被当成没有按照所希望的那样投票的证明。② 在无记名投票中,选民可以隐瞒其真实的投票意图。"投票是一个面具,让人们在面对健康的话语挑战时,掩盖他们自私的、反社会的投票。"③在无记名投票中,选民可以一边投票支持自己的私利,一边宣称他们支持了更公正、更具社会意义的政治目标。以牺牲周围人的利益为代价、为自己的个人利益投票并且说谎的行为被认为是严重破坏了社会道德。

但是采用公开投票来避免受个人私利影响还需要满足两个条件:一是面对基于自私或不道德考虑的投票,有足够多的人愿意并且也有能力识别或纠正这些投票;二是有选择自由的选民们在面对这些信息和争论时,将自愿接受这些"纠正",或者在舆论压力下放弃自私的投票。④ 这两个条件需要依靠社会的整体氛围,与民众的整体素质相关。

这种认为无记名投票会败坏道德的观点也遭到了一些质疑,例如,乔治·格罗特在1833年的一次议会辩论中就反驳了这种观点,他认为在某种意义上,公开投票更有可能破坏道德。他说,在购买选票方面,更有害的道德罪恶感是违背自己的观点做出投票承诺(公开投票中违背自己本意的投票),"还有什么谎言比投票中不诚实的投票更糟糕呢?"⑤这种看法有一定道理,无记名投票下不按照施压者的意图投票,投票人会在压力下谎称按照所希望的那样投票,确实造成了不诚实;但是如果公开投票,投票情况能为施压者所知晓,将导致投票人无力抗拒压力,违背自己意愿投票。

① Annabelle Lever. Mill and The Secret Ballot: Beyond Coercion and Corruption. *Utilitas*, Vol. 19, 2007, pp. 354 - 378.
② [英] J.S.密尔:《代议制政府》,汪瑄译,商务印书馆1982年版,第151页。
③ Tom Theuns. Jeremy Bentham, John Stuart Mill and the Secret Ballot: Insights from Nineteenth Century Democratic Theory. *Australian Journal of Politics and History*, Vol. 63, No. 4, 2017, pp. 493 - 507.
④ Tom Theuns. Jeremy Bentham, John Stuart Mill and the Secret Ballot: Insights from Nineteenth Century Democratic Theory. *Australian Journal of Politics and History*, Vol. 63, No. 4, 2017, pp. 493 - 507.
⑤ Park J. H. England's Controversy over the Secret Ballot. *Political Science Quarterly*, Vol. 46, 2007, p. 59.

（五）能否促进理性投票

密尔认为公开投票能促进形成理性的公共利益的共识，即通过政治辩论和竞争可以超脱于自身的道德信仰就公共利益达成一致共识。公开辩论和自由言论有助于发现公共利益，并抗拒自私或不当的投票。反对者认为，现代社会的"合理的多元主义"是指理性、知情、尽责的人会考虑政治和道德的终极意义，这意味着不存在公共利益的单一概念。在一个保护每个人平等和自由的社会里，人们的观点会呈现多元化，甚至互相矛盾，此时如果还是强制公开表达观点，只会加深裂痕、加大分歧。①

通过公开投票以提高投票质量还需要满足一些条件。面对基于错误或不道德考虑的投票，只有足够多的人愿意且有能力纠正这些有缺陷的投票时，有选择自由的选民们才能在面对这些信息和争论时自愿接受这些"纠正"。②

公开投票还能起到监督的作用。有一些其他因素能够引导人们按照社会能接受的意愿投票，因为人们害怕周围人对自己反社会和自私的投票行为进行负面评价。在公开投票模式下，选民在选举中如果因恐惧、贪婪、粗心、困惑或无知等因素投票会被他人知晓，可能面临其他人的"羞辱"等伤害，为了避免这种伤害，投票人会努力克服自己的自私心理或恐惧和贪婪的情绪，并努力了解投票事项，摆脱无知状态。总之，公开投票可以促使投票人认真对待投票，增强投票时的理性思考，以防止因粗心、自私或无知的投票。③

因此，在投票压力来自外界时，无记名投票更能避免不正当压力的影响。当外界压力较小且投票人内心的自私考量对投票结果影响较大时，公开投票能使投票人压制自己的自私情感，达成公正投票的结果。

三、英国选民投票方式变迁的启发

我们视之为理所应当的无记名投票制度，其实经历了从公开投票到无记

---

① Annabelle Lever. Mill and The Secret Ballot: Beyond Coercion and Corruption. *Utilitas*, Vol. 19, 2007, pp. 354 - 378.

② Annabelle Lever. "Privacy and Democracy: What the Secret Ballot Reveals". https://journals. sagepub.com/toc/lcha/11/2,最后访问日期：2020 年 3 月 5 日。

③ Annabelle Lever. "Privacy and Democracy: What the Secret Ballot Reveals". https://journals. sagepub.com/toc/lcha/11/2,最后访问日期：2020 年 3 月 5 日。

名投票的转变过程。这一过程充满激烈的争论，经历了人们思想的转变，也与社会发展状况相适应。

（一）投票方式受人们思想理念的影响

英国议会选举投票方式的变革揭示了古典贵族和新兴资产阶级的理念冲突。在19世纪英国议会改革期间，社会对公开投票较为支持，这主要与古典政治思想有关，代表了源自古典世界的政治理想，即如果要以独立、体面和男子气概的方式展示其公民身份，就必须公开进行。"秘密"是几个世纪以来，贵族们用来定义地位比他们低的人的词汇，它被认为是"下等的""卑鄙的"和"欺骗性的"。最终，它背负着奴隶般的污名。有人甚至写道："伪装是奴隶制的产物和标志。"无记名投票无异于"公开承认恐惧和依赖"。① 马尔科姆·克鲁克和汤姆·克鲁克认为，当时的英国对民意表达的公开性有着强烈的、清晰的依恋，这种依恋延伸到了知名的激进分子身上。那些反对无记名投票的人并不认为这种投票方式有原则性的缺陷，对他们来说，维持传统的选举方式必须成为特色。②

随着工业革命的兴起，资产阶级逐步取代了土地贵族，成为英国社会的统治阶级。资产阶级主张个人自由，维护个人权利和隐私，贵族们古典的政治理想早已不复存在。公开不再是高贵、高尚的象征，秘密也不再意味着卑鄙、欺骗，这就为英国的议会选举从公开投票转变到无记名投票提供了社会基础。1868年的选举见证了选举暴力和腐败的显著增加，在英国议会的第二项改革法案之后，进行无记名投票改革来遏制选举腐败的呼声越来越高。

另外一个支持公开投票的理由是通过披露人们的错误投票来促使投票人认真、负责地投票。这种观念在现代社会也发生了变化，披露投票的行为被认为是侵犯隐私。这种强迫人们披露自己道德缺陷的行为是欠妥的，因为这种披露会引起公众羞耻，严厉惩处这种道德错误违反了人人平等的原则。支持

---

① Malcolm Crook, Tom Crook. "The Advent of the Secret Ballot in Britain and France, 1789 - 1914: From Public Assembly to Private Compartment". https://onlinelibrary.wiley.com/doi/pdf/10.1111/j.1468-229X.2007.00403.x, 最后访问日期：2020年3月19日。

② Malcolm Crook, Tom Crook. "The Advent of the Secret Ballot in Britain and France, 1789 - 1914: From Public Assembly to Private Compartment". https://onlinelibrary.wiley.com/doi/pdf/10.1111/j.1468-229X.2007.00403.x, 最后访问日期：2020年3月19日。

无记名投票的人从维护个人权利的角度进行论证,认为无记名投票能保护投票人免受"羞辱"。①

支持无记名投票者认为,虽然公开投票可能提高选民投票的责任感,增强投票的质量,但是被公众的羞辱和威胁很难被错误投票的后果抵消。如果因为投票人违反了自己的道德责任而进行"错误"的投票,在公开投票的形式下,他必将受到人们的指责和羞辱,这在民主国家是不应该出现的。因为即使被认定为犯罪的人,对他们的公开谴责形式也应受到限制。②

随着现代社会的发展,对个人隐私的保护超越了对"错误"投票的羞辱。对违法乱纪者也不一定就剥夺他们的公民资格,那种为了防止道德上的错误投票而强制公开投票的做法已失去了存在的理由。并且,即使公开投票也不一定能获得符合道德要求的投票。现代社会越来越注重保护公民的个人权利,以牺牲个人权利为代价换取投票质量的做法已经不具有优势。

(二)选民投票和议会投票适用不同的投票方式

通过分析英国议会改革的辩论和改革的历程,公开投票和无记名投票有其各自的适用范围。公开投票的核心是责任和代表。如果要代表其他没有投票权人的利益,则用公开方式较好。因为公开方式能促进责任投票,这也是追责的前提条件。

选民投票和议会投票在面临外来压力和自身困境方面有相似性。安娜贝尔·利弗认为,议员并非不会被腐败或强迫,也不一定都能摆脱恐惧、贪婪、困惑、无知等,因此,在面临外来投票压力和自身的投票困境时,议员和选民在投票时并无原则性区别。但是议员有代表选民的义务,有履行代议功能的责任,并且也有特殊的权力,因此,她认为,议员在议会中的投票应该采取公开的方式,而选民选举时应该采用无记名投票。③

议员和选民面临的责任不同。英国之所以在议会改革前普遍采用公开投票的方式进行议员选举,与当时对选民选举责任的认识有关。当时人们普遍

---

① Annabelle Lever. Mill And The Secret Ballot: Beyond Coercion and Corruption. *Utilitas*, Vol.19, 2007, pp.354-378.
② Annabelle Lever. Mill And The Secret Ballot: Beyond Coercion and Corruption. *Utilitas*, Vol.19, 2007, pp.354-378.
③ Annabelle Lever. Privacy and Democracy: What the Secret Ballot Reveals. *Law, Culture and the Humanities*, Vol.11, 2015, pp.164-183.

认为,投票在传统上被视为代表非选举人行使权利,公开投票是一种公共义务,同时也是一种非常直接的手段。先由那些拥有必要的自由和独立的人来投票,再由那些没有投票权的人承担后果。[①]

密尔也认为,公开投票更适合投票代表其他人利益的情况,被代表的人数越多,这种投票责任也越大,越适合公开投票。这种观点可以为议员在议会议事中采用公开投票的方式做出解释,也是区别议员投票和选民投票的重要依据。密尔之所以赞成选民公开投票,主要由于他消除了议员和选民投票者的区别。他认为二者都是公共行为,能影响他人的利益,都应该公开进行并接受问责。正如密尔所言,如果我们期待所有的成年公民都能投票,那么,投票就不再意味着特殊地位,投票行为负有特殊义务和限制的观点就不合时宜了。[②]

虽然选民投票和议员投票都有公共行为的性质,但是二者在权力和责任承担上有很大的不同。安娜贝尔·利弗认为,选民的权力在时间上是非常有限的,仅限于在这次和下次选举之间的时间;在权力内容上,仅限于选择或不选择候选人的能力。在大多数情况下,某一选民的选择并不能影响选举的最后结果。相比之下,议员的权力就相当可观。一旦当选,议员就能获得信息、薪资,拥有探访公共和私人建筑的可能,而且能因此获得人们的尊重和相关荣誉。把选民投票权等同于议员的投票权是对前者的高估,也是对后者特殊权力的明显漠视。[③]议员要代表那些选举他的人的利益,并代表选民做出有约束力的决定。议员拥有特殊的权力,就要承担更大的责任,向选民公开其投票情况就成了当然的要求。

安娜贝尔·利弗还从保护隐私和责任的关系角度进行分析,在民主社会里,选民有言论自由,他(她)可以自愿向其他人展示自己的选票,但是他(她)没有义务这样做,即其没有义务展示自己的世界观和价值观,向意见不同的人解释甚至捍卫自己的世界观,也不用担心自己的世界观会影响别人。人们对

①　Malcolm Crook and Tom Crook. "The Advent of the Secret Ballot in Britain and France, 1789 - 1914: From Public Assembly to Private Compartment". https://onlinelibrary.wiley.com/doi/pdf/10.1111/j.1468-229X.2007.00403.x,最后访问日期:2020 年 3 月 19 日。

②　Annabelle Lever. Mill and The Secret Ballot: Beyond Coercion and Corruption. *Utilitas*, Vol. 19, 2007, pp.354 - 378.

③　Annabelle Lever. Mill and The Secret Ballot: Beyond Coercion and Corruption. *Utilitas*, Vol. 19, 2007, pp.354 - 378.

隐私的要求取决于他们的责任,而决定这些对隐私的影响和后果的基准是公民的身份。议员的政治责任必然要强于一般性参与政治生活的公民。无记名投票能更好保护选民的隐私和自由,但是议员不同,他没有保护隐私的需要和权利。[①] 安娜贝尔·利弗认为,议员投票和选民投票还有一个不同在于选民不需要通过投票彰显自己的美德,也没有凭借投票来获取他人认可的需要,而议员具有这样的投票动机和需求。这种需求要通过公开其投票情况才能得到满足。[②]

此外,选举人愈少愈容易被收买,选举人愈多愈不容易被收买,这是直接选举较其他选举方法的优势。[③] 从这个意义上说,议员比选民更容易被收买,所以,应该采用公开投票的方式对其加以监督,而选民选举因人数众多,可以采取无记名投票的方式。

（三）避免投票威胁和恐吓是选择投票方式的重要考量因素

英国在议会改革的历程中,从公开投票改革为无记名投票,最大目的就是防止贿赂、恐吓和破坏民主选举。直到今天,如何摆脱投票的外来压力、保持投票自由始终是选择投票方式的重要的因素,不管是公开投票的支持者还是无记名投票的支持者都赞成这一观点。

在公开投票的方式下,外来压力集团能辨识投票人有没有按照指示投票,从而给投票人施加压力。实际上,即使没有具体的威胁,在一种有依赖关系的氛围中,投票给作为自己赞助人的候选人似乎是唯一的选择。最大的权力总能得到最大的支持,因为没有人敢公开反对。人们不否认公开投票能增加透明度、提高决策的理性程度,但是人们如此担心外来的强制力对投票的影响,以致要以牺牲决策的智慧、透明度和道德为代价也在所不惜。[④] 马尼恩认为,公开投票将增加"拥有最多可支配资源的人"的权力。[⑤]

在无记名投票的情况下,投票的情况只有投票人自己知道,外来压力难以

---

① Annabelle Lever. Privacy and Democracy: What the Secret Ballot Reveals. *Law, Culture and the Humanities*, Vol.11, 2015, pp.164-183.

② Annabelle Lever. Privacy and Democracy: What the Secret Ballot Reveals. *Law, Culture and the Humanities*, Vol.11, 2015, pp.164-183.

③ 萨孟武:《政治学与比较宪法》,商务印书馆 2013 年版,第 175—176 页。

④ Annabelle Lever. Privacy and Democracy: What the Secret Ballot Reveals. *Law, Culture and the Humanities*, Vol.11, 2015, pp.164-183.

⑤ Bernard Manin. *Why Open Voting in General Elections is Undesirable*. Cambridge University Press, 2015, p.214.

实现其意图,也无法辨识投票人是否按照指示进行了投票。如果能克服或减弱外来压力的影响,维持投票自由,公开投票的优势就能得以展现。影响压力的因素主要有两个:一是选民的人身依附关系;二是社会的道德发展情况。在资本主义早期阶段,选票腐败事件频发与当时的社会结构有关。在贵族式结构的社会里,选民的人身依附性强,在公开投票的模式下,选民面临较大的外来投票压力,而现代社会已经打破了选民的人身依附关系,选民已经摆脱了控制,公开投票的优势得以展现。

外来压力能否发生作用和公民的素质有关。在政治道德尚未进步的国家,选举时常常发生选民被收买的丑闻。[①] 如果社会环境和选民的素质足够好,好到可以抵消投票面临的威胁和压力,则公开投票仍然是理想状态。密尔等一批思想家受古希腊民主思想的影响,主张公开投票,鼓励公民参与政治。但是当时的形势是,在公开投票的模式下存在选举腐败、买票卖票等现象,激起了民愤,最终引发了无记名投票的改革。

随着社会的发展,这个曾经构成英国选举方式改革的动因也在改变。汤姆·汤恩斯认为,现代社会中最"理想的"投票方式仍然是公开投票,少量的威胁不足以作为采取无记名投票的借口,只有当这种威胁足够严重时,才能舍弃公开投票,而采取无记名投票。不少学者认为,现代民主国家有更加平等和经济安全的环境,选民不必担心因为公开投票而遭到报复。得益于大众教育的普及,公民素质有了普遍提升,选票也不容易被操纵。也有人对个人能够抵抗社会压力的说法保持怀疑,毕竟许多民主国家仍然存在巨大的不平等,仍然有太多的人缺乏独立性。

弗朗索瓦·基佐认为,在选举制度中唯一的、绝对的原则就是投票自由,投票应该显示投票人的真实意愿。如果公开选举对选举自由施加了严重的约束,并扭曲了结果,那就应该废除这种投票方式。他认为出现这种情况的原因在于,自由的虚弱和道德的怯懦,并且社会正处于某种冲突之中,只有当自由足够强大,自由本身就能破坏这一状况。毕竟,公开投票才是代议制政府的自然结果。但是,如果公开投票伤及普遍自由时,那么强制推行公开投票就会破

---

① 萨孟武:《政治学与比较宪法》,商务印书馆 2013 年版,第 175—176 页。

坏自由。①

(四)公开投票或无记名投票都各有利弊

在英国议会改革期间,人们进行了广泛的讨论,虽然最终确定了无记名投票的选举方式,但是直到今天关于投票方式的争论仍然没有停止,不论他们支持哪种表决方式,都认为这两种表决方式皆不完美,甚至有人提出了兼顾两种投票方式优势的投票方法,即一般采用公开投票,当选民感到受到威胁的时候,可以不记录他们的选票,而采用无记名投票。这样既能体现公开投票的优势,又能避免无记名投票的弊端,但是这个观点很快遭到了反对。反对方认为,如果有公开的选择,那么选民可能被强迫选择公开投票的方式。② 从这个角度考虑,提供公开投票和无记名自由选择的设计有很大弊端,在实践中很可能造成事实上的公开投票。

也有人对个人能够抵抗社会压力的说法保持异议,因此,既要根据具体的环境采用不同的投票方式,也不能高估当时的社会环境。在民主发展水平和人民的认识还达不到公开投票的条件时,采用无记名投票比较合适。无记名投票能避免潜在的贿赂、勒索或同行、当权者的恐吓,它承认社会权力的不平等,认为权力较弱的人需要保护,可以免受权力较大的人的威胁。它还尊重个人的自主权,包括个人行使独立判断的权利,不受不当的社会压力或出售选票的诱惑。

尽管几个世纪过去了,关于投票应该公开还是秘密的争论仍在继续,当今社会也有部分学者支持选民公开投票。杰弗里·布伦南和菲利普·佩蒂特呼吁公开投票结果。他们建议部分开放选举,让投票站更加公开,同时不正式记录谁投谁的票。丹尼尔·斯特吉斯提出,投票不应该被认为是私人的,而应该是公开的。巴特·恩格伦和托马斯·纽斯从协商民主的立场出发主张优先选择公开投票。杰克·巴特莱则认为公开投票会提高政治凝聚力、提高忠诚度和群体认同感。布鲁斯·阿克曼和詹姆斯·菲什金承认无记名投票的必要性,但指出无记名投票牺牲了一些"重

---

① [法]弗朗索瓦·基佐:《欧洲代议制政府的历史起源》,张清津、袁淑娟译,复旦大学出版社 2008年版,第 368—369 页。

② Tom Theuns. Jeremy Bentham, John Stuart Mill and the Secret Ballot: Insights from Nineteenth Century Democratic Theory. *Australian Journal of Politics and History*, Vol.63, No.4, 2017, pp.493-507.

要的东西"。①

　　在现代社会中,一般民主国家的公民基本都享有选举权,如果再把选民的投票行为定位为特殊权力则就不妥当,且投票行为要公开进行,以便于接受监督的做法也失去了必要性。② 密尔赞成公开投票的理由是与当时的社会环境相符的,在没有实现普选的年代,选举权是经过严格的资格筛查才能享有的,投票对于投票人来说更多意味着责任。密尔强调投票是责任而非权利的条件是:投票人"有责任按照他对公共利益的最好的和出自良心的意见投票",没有这种"觉悟"的人是不适合拥有选举权的。因为选举权会滋长为自己的利益而利用公共职能的倾向,如果再适用无记名投票,他会心安理得地做出如下解释:本人没有义务按照那些不被允许知道自己投票意向的人的意见投票,本人完全可以按照自己的意愿投票。③ 事实上,密尔推崇公开投票的理由非常契合现代社会的议会投票。议员是经过挑选产生的,需要具备一定条件,议员代表选民进行的投票表决是责任而非权利。

　　这样也并没有打消人们对无记名投票的怀疑,在英国改变投票方式后不久,埃德温·戈德比就评论道:"英国的政治对手从未发明过这么多可怕的东西,却发现没有一样是真的,就像投票一样"。④ 这表达了对无记名投票改革的悲观态度。

　　重温英国议会改革的历史可以看出,议员选举的投票方式经历了从公开投票到无记名投票的过程,这一转变过程伴随着无数的辩论,也随着政治环境和公民素质的变化而转变。对选民投票方式的分析有助于理解议员议事投票的方式。目前世界上很多国家建立了代议制度,由于代议制有独特的运行规律,故对立法者(议员)有特别的要求。对代议机关投票方式的研究要采取历史的、理性的、实践的分析方法,探索投票方式的具体适用情况。

---

① Daryl Glaser. The Case Against Granting a Secret Ballot to Elected Representatives: Democratic-Theoretical Reflections on a South African Controversy. *Politikon*, Vol.46, 2019, pp.157 – 174.
② Annabelle Lever. Mill and The Secret Ballot: Beyond Coercion and Corruption. *Utilitas*, Vol.19, 2007, pp.354 – 378.
③ [英] J.S.密尔:《代议制政府》,汪瑄译,商务印书馆 1982 年版,第 150—151 页。
④ Edwin Goadby and H. M. Asquith. The Ballot in England. *Political Science Quarterly*, Vol.3, 1988, pp.654 – 681.

第三节　资本主义国家议会投票表决方式的
演变——以美国为典型

代议制是责任政治,议会应该公开议事,会议内容和投票表决情况理应公开,甚至公开的内容越多越好,这些理念似乎是当今资本主义社会的共识,议会投票也普遍以公开投票为主,以无记名投票为例外。但是公开投票却不是和资本主义议会相伴而生的,资本主义国家议会也曾长期采用秘密会议制度,议事的内容和议员投票表决的情况是不公开的。公开投票模式是随着投票技术的发展、公民理念的变化以及民主制度的发展逐步确定的,本节主要以美国国会的投票表决方式从秘密到公开的转变为例,试图探究这种转变背后的规律。

一、美国国会的不公开议事制度

美国国会在建国初期曾采用不公开议事的规则,保密被认为是立法的必要条件,先贤们在制定美国宪法时也是不公开进行的。"他们把独立大厅的窗户用木板封上,并在门口派驻武装哨兵。"詹姆士·麦迪逊声称:"如果辩论是公开的,大会就不会通过任何宪法。"亚历山大·汉密尔顿也持有同样的意见,并解释说:"如果在进行审议时公开进行,派系之间的吵闹声就会阻止任何令人满意的结果。"[1]之所以采用不公开会议的形式,一方面,是为了提高会议的效率,免于陷入无休止的派系争端;另一方面,还能保证与会人员自由地发表意见。

费城制宪会议不公开进行,会议的内容也在很长一段时间内是保密的。会议关于选举结果的正式资料到 1819 年才公布,参加会议的代表发表的演说和意见没有留下任何正式的记录。1840 年首次公布的詹姆士·麦迪逊的笔记

---

[1]　James D'Angelo, Brent Ranalli."The Dark Side of Sunlight — How Transparency Helps Lobbyists and Hurts the Public". https://www.foreignaffairs.com/articles/united-states/2019-04-16/dark-side-sunlight,最后访问日期:2020 年 2 月 16 日。

成为研究该次会议的主要资料。①

开国元勋们甚至把不透明条款写入宪法，"各院应保持本院的会议记录，并不时予以公布，但各院认为需要保密的部分除外。"会议记录不是无条件全部公开，其公布受"认为需要保密"的限制。因此，在美国建国初期的制度设计中，参众两院的投票情况不是当然公开的。

议会中还存在大量的委员会，这是议案审议中的关键部门，委员会一般举行不公开会议。例如，建国初期的美国众议院成立规则委员会，这是一个由5人组成的小型组织，却控制着议案的程序。议长不是委员会成员，但他和代表众议院多数党的两名委员会成员控制着委员会的行动，而委员会的行动可以支配众议院，这就在众议院中形成了十分集中的领导权，威尔逊称它和其他委员会性质的机构一样带有"隐蔽的污点"。因为它"不是在公众辩论中得到公然承认和为之辩护的关于发言权的那种领导，也没有提交全国来检查评论。"②

此外，美国众议院还成立了"全体委员会"，虽然包括所有众议院成员，但运行规则不像众议院全体会议那么正式，也不保留议员的投票记录。众议院许多最重要的事务都是通过全体委员会开展的。在英国下议院也设有全体委员会，最初用途是私下讨论法案、规避记录表决。

当时，美国众议院的委员会很多，有多少个立法类别就有多少个委员会。各委员会互不来往、各行其是。众议院实际上分成一些很小的单位进行审议和立法。委员会能对问题进行详细的讨论，但是由于委员会的活动是不公开的，所以，不能被公众知晓，无法起到舆论监督的目的。大家反对将委员会活动公开化。委员会的任务并不是向公众提供情况，而是向众议院提供情况和指导，并且禁止任何委员在众议院大会上提及委员会内部发生的事情，除非经过多数委员书面批准。③ 在这一时期，重要的立法工作都由各种委员会运作，正如学者乔治·肯尼迪所指出的那样，"实际上，所有真正起草或表决法案的会议都不对公众开放。"④

---

① ［苏］安·葛罗米柯：《美国国会》，荫之、光青译，上海人民出版社1959年版，第35页。
② ［美］威尔逊：《国会政体——美国政治研究》，熊希龄、吕德本译，商务印书馆1986年版，第4页。
③ ［美］威尔逊：《国会政体——美国政治研究》，熊希龄、吕德本译，商务印书馆1986年版，第48页。
④ James D'Angelo, Brent Ranalli. "The Dark Side of Sunlight — How Transparency Helps Lobbyists and Hurts the Public". https://www.foreignaffairs.com/articles/united-states/2019-04-16/dark-side-sunlight，最后访问日期：2019年9月16日。

早期的众议院的议事规则每届都要修改,每届众议院开幕后,要立即通过全院的新的议事规则。虽然每届众议院基本上都沿用上一届的议事规则,但有时也会做重大修改,而参议院不需要每届都修改议事规则。1797—1801 年,杰斐逊任参议长时编录的《杰斐逊议事手册》总结了他对美国议会议事规则的观点,后来众议院也使用这一手册作为议会议事程序的指导。①

在资本主义社会早期,议会不公开开会是普遍现象。曾担任瑞士国会副秘书长的约翰·克莱尔这样评论瑞士国会:"议会中的公共利益已经发生了变化。在 1891 年之前,瑞士国会因为担心民众在咖啡馆里面阅读和议论议会的辩论(程序和内容)而将这些材料保密,如今,所有这些都可以在网上查到了。"②

二、20 世纪 70 年代美国国会改革,逐步实现了由不公开到公开的转变

美国国会自 20 世纪 70 年代以来逐渐放弃了秘密开会、秘密投票的做法,转而采用全面公开国会会议议程和内容等,甚至连委员会会议都面向公众公开,并且允许新闻媒体充分介入。在这一过程中,国会的投票方式实现了从不公开到公开的转变。这一转变既是随着代议民主的充分发展、在美国特定的历史背景下实现的,也是代议制民主中议会投票方式从不公开到公开转变的一个缩影。

(一)改革背景

美国总统和国会的权力之争是当时国会改革的政治背景。20 世纪 70 年代,美国深陷越战的泥潭,引发人民的不满。总统的权力扩张到前所未有的程度,出现了所谓"帝王般的总统"。③ 总统利用对网络和电视的控制权来控制民众舆论,捍卫其战争政策,无视国会多次呼吁尽快结束越战的要求,撇开国会决定对外的战争政策,在处理对外关系上以行政协定代替条约,以规避国会的审查。在大众的眼里,国会在国家重大事项的决策中逐渐失去了影响,引发美

---

① 蒋劲松:《美国国会史》,海南出版社 1992 年版,第 60—61 页。
② 程雪阳:《议会代表制的变动:信息、回应与责任》,《甘肃行政学院学报》2015 年第 3 期。
③ 孙心强:《美国国会对总统权力的限制与国会改革》,《山东大学学报》(哲学社会科学版)1989 年第 3 期。

国民众不满。1973 年"水门事件"的爆发加剧了人们的不满,从民众到学者开始反思"总统至上"理论,重温制宪先贤们提出的分权制衡理论。民调显示,美国民众 1965 年对国会的正面评价占 64%,1971 年正面评价仅占 26%。[①] 民众对国会无力监督政府的现状非常失望。

国会内部运行日趋专断引发议员改革的诉求。国会于 1946 年通过了立法组织重组决议案,这一法案削减了常设委员会的数量,同时大力推行资历制度(年资制度),增强了委员会主席的垄断权力。资历制度主要指在一个委员会中,连续任职最长的议员无需选举便成为该委员会的当然主席。[②] 资历制度导致国会委员会老龄化严重,委员会主席权力扩张,委员会主席有权安排议事日程、决定要审议的议案及审议的具体时间,以及是否举行听证会等。委员会主席还可以控制小组委员会,任命小组委员会的主席,决定哪项议案提交给哪个小组委员会审议。除此之外,委员会主席还有一些衍生的权力。[③] 委员会主席的职位是按照资历分配的,他们与共和党少数派合作密切,对自由派进行压制,他们还控制了委员会的会议议程。20 世纪 60 年代,众议院的自由派人士对委员会主席的专断日益不满。当时的执政党是民主党,自由派在民主党中占多数,但由于资历制度,委员会主席几乎都是保守派民主党人。[④]

民主党在 20 世纪 70 年代开始对资历制度进行改革,资历改革使大批年轻议员进入国会,对国会民主化、公开化改革的诉求逐渐增强,使得众议院委员会主席权力缩减。小组委员会主席不再由委员会主席决定,而是由委员会中的党员投票选出,也无须经过资深议员的同意。小组委员会的主席和成员拥有更大的自主权。[⑤] 1979 年,众议院几乎有一半的议员是从 20 世纪 70 年代初开始任职的,这些新议员大多是自由主义的信奉者,他们对

---

① Donald R. Wolfensberger. "Statement of Donald R. Wolfensberger Before the House Select Committee On the Modernization of Congress". https://www.wilsoncenter.org/sites/default/files/media/documents/publication/homelandtestim.pdf,最后访问日期:2020 年 3 月 10 日。

② 孙心强:《美国国会对总统权力的限制与国会改革》,《山东大学学报》(哲学社会科学版)1989 年第 3 期。

③ 殷晓微:《20 世纪 70 年代美国国会改革与议员资历制度的演变》,2005 年东北师范大学硕士学位论文,第 8 页。

④ James D'Angelo, Brent Ranalli. "The Dark Side of Sunlight — How Transparency Helps Lobbyists and Hurts the Public". https://www.foreignaffairs.com/articles/united-states/2019-04-16/dark-side-sunlight,最后访问日期:2020 年 2 月 19 日。

⑤ 孙哲:《美国国会研究 II》,复旦大学出版社 2003 年版,第 376 页。

国会权力在总统的强势下日渐式微的现状不满，不断抨击国会的陋习，主张改革国会。他们反对委员会主席在立法上的绝对权力，提出现有的委员会制应向小组委员会制过渡、改变年资制度、国会立法活动公开，并接受公众监督。①

引发改革的另一个背景是议员要求在政治舞台上独立展示的诉求开始增强。20 世纪以来，美国政党对议员的影响有限，只有在选举时才能对其党员进行控制。在国会内部处理立法问题时，既没有"看得见"的党组织，也没有"可以控制"的党员，党组织唯一的内在联系是一个党的核心会议，它有时为了在某项关键问题进行表决时联合行动。② 在议会中，政党也不能左右议员的选任决策程序。虽然委员会主席由党团会议提名选任，但是主席的选任更加依赖委员会制度的选拔标准。所以，明智的议员往往不会将他们的政治命运与政党的意愿联系起来，不害怕"忤逆"政党的意愿。再加上，委员会主席候选名单要得到全院大会的一致通过，因此，即使候选人在本党没有获得多数选票，还可以转向反对党争取选票。③ 议员们意识到了在竞选连任时政党的作用有限，而选民的作用很大，争取选民的好感才是其争取连任的关键力量，这也促使他们有了在选民面前"好好表现"的动力。

（二）改革的主要内容

一些民主党的自由派人士带头通过了"阳光改革"政策，掀起了国会公开制度改革的运动。众议院于 1970 年 10 月 8 日通过了《1970 年立法重组法案》（*Legislative Reorganization Act of 1970*）（以下简称《重组法案》），"在二十多年来首次对国会内部程序和行政管理进行了全面改革"，这些改革使众议院和参议院的程序更加透明。④

《重组法案》要求所有委员会都要举行听证会（不包括国家安全会议和拨款委员会），从而改变了委员会的不公开会议制度。之前，国会的公开辩论并不普遍，"除了那些对立法的日常进程有专门兴趣的人以外，谁也不想去听些

---

① 殷晓微：《20 世纪 70 年代美国国会改革与议员资历制度的演变》，2005 年东北师范大学硕士学位论文，第 6 页。
② ［美］威尔逊：《国会政体——美国政治研究》，熊希龄、吕德本译，商务印书馆 1986 年版，第 56 页。
③ 殷晓微：《20 世纪 70 年代美国国会改革与议员资历制度的演变》，2005 年东北师范大学硕士学位论文，第 5—7 页。
④ "The Legislative Reorganization Act of 1970". https://history.house.gov/Historical-Highlights/1951-2000/The-Legislative-Reorganization-Act-of-1970/，最后访问日期：2020 年 2 月 25 日。

辩论者的发言。"除非当最后的表决事关某党的命运,或者决定某个重要政治领袖权力的命运,主要立法者的发言才会被聆听,否则,议员也不会去听这些发言。[①]《重组法案》要求委员会房间的门默认为打开状态,哪怕是在审定会议期间。自由派将法案表述为关于政府的改革,并组织了媒体力量,猛烈抨击国会保守的不公开会议制度。

《重组法案》的另外一个重大内容就是对投票表决方式的改革。《重组法案》增加了记名投票的数量。众议院法律修正案大多要通过全体委员会的表决,《重组法案》规定众议院全体委员会上的投票要被实名记录。以前全体委员会的投票是由计票员简单计算的,只记录支持票和反对票的总票数,不具体记录每位投票人的投票情况。

《重组法案》生效后不久,众议院增加了电子投票器进行投票表决,价值百万美元的电子投票设备于 1973 年 1 月 23 日投入使用。第一次电子表决时,议员进行了 15 分钟的唱名表决。在电子系统之前,手持计数器被党的领导人用来记录众议院的重要选票,点名表决通常需要 30~45 分钟。新的投票制度每年将为众议院节省 90 多个小时的工作时间,电子投票使众议院现代化。[②] 电子投票器也是公开投票,议员将投票卡投入电子投票器后会在大屏幕上显示投票人姓名和投票情况,公开的投票方式便于选民了解议员的政治态度。随着委员会主席权力的削弱,选民的意愿成了决定议员能否当选的决定性因素,选民的意见也越来越被议员重视。

国会开始主动接受公众和媒体的监督。这次国会改革的政治背景是国会和总统(政府)的权力之争,国会不满美国广播公司(代表总统立场)长期以来对电视广播和公众舆论的控制。早在 1945—1946 年,国会组织联合委员会就提出建议,允许对听证会和参众两院的会议现场进行电视转播,但没有实现。《重组法案》生效之后,国会开始通过电视转播对议会辩论进行实况转播。根据《重组法案》的授权,众议院于 1979 年全面引入摄像设备,参议院于 1986 年全面引入摄像设备。国家公共事务卫星网于 1979 年建立并开通,C - SPAN(美国有线电视)开通转播众议院大会和委员会听证会及审

---

① ［美］威尔逊:《国会政体——美国政治研究》,熊希龄、吕德本译,商务印书馆 1986 年版,第 57 页。
② "The Legislative Reorganization Act of 1970". https://history. house. gov/HistoricalHighlight/1951-2000/The-Legislative-Reorganization-Act-of-1970/,最后访问日期:2020 年 2 月 25 日。

议会,1986 年 C - SPAN2 开通转播参议院大会和委员会听证会及审议会。除此之外,一些听证会还可以现场直播或播放录像,提高了公众对国会立法事务的了解和参与程度。[1]

(三) 改革的影响

这次的国会改革是在美国国会权力的又一个历史低谷中开始的,人民对民主的诉求、自由派议员增强自身话语权的意愿构成了改革的主要动力。改革的主要目的是通过改革国会的内部议事规则和程序扩大国会议事的透明度,增强国会的议事效率,提高对抗行政权力的能力。这次的国会改革不仅改变了两院的运行规则,实现了改革的初衷,而且也对美国的政治形势产生了重大影响。

通过改革,国会立法程序的透明度逐步提高,公众和媒体对国会和议员行动的监督也更便利,一方面,使得国会议员们更加注重约束自己的行为,维护其在公众面前的政治形象,尽力维护选民的利益;另一方面,议员又过于担心自己的议案或其他政治行为和选民利益相悖,或者违反某些集团的利益。因此,他们在公共场合变得"谨小慎微、唯唯诺诺、故步自封"。还有一些议员出于投机的目的,为了选民和利益集团的利益不断提出各种议案,干扰国会正常的立法活动。总之,改革可能使国会议员变得更加保守。[2] 还有一些议员走向了另一个极端,进行"作秀投票"。这些投票通常不是为了改善立法而做出建设性努力,只是作为一种政治表演,纯粹为了在选民面前表现。

改革还提高了组织(政党)对成员的投票控制。改革促使国会两院广泛采用记名投票的选举方式,这种方式便于组织和政党控制其成员的投票。党内督导可以对本党议员的投票进行监督,使得对违背本党意愿投票的议员进行严厉的惩戒成为可能。督导还可以根据本党议员的投票情况作为奖励的依据,遵循本党路线的议员将获得更多的升职机会,但是由于议员的行为也是向选民公开的,议员有一种来自选民的压力。如果选民的意愿和来自政党的压力发生矛盾,一般议员们还是会倾向于遵从选民意愿。记名投票甚至能把议员从其政党中解放出来,让他们可以不遵从自己党派的投票意见,也不用担心

---

[1] 与非:《美国国会》,中国民主法制出版社 2001 年版,第 48 页。

[2] 殷晓微:《20 世纪 70 年代美国国会改革与议员资历制度的演变》,2005 年东北师范大学硕士学位论文,第 22 页。

遭到报复。因为在议事公开制度下，一切都展示于阳光之下，议员可以拿选民意见作为回绝党团的"挡箭牌"。一位议员可以信誓旦旦地说："我的选民正在观望。"①基于选民对议员连任的决定性作用，公开议事的制度还起到鼓励议员积极参与国会事务，并展示他们实力的作用。

改革导致游说集团活动大幅增加。一方面，国会透明度改革使得国会议事过程被公众所知，便于公众对国会的监督，但是这种公开对财力雄厚、人脉广泛的游说集团也同样开放；另一方面，说客们能明确且迅速地获悉议员们的投票情况，而不再像原来那样，说客们常会遇到"人财两空"的情况，例如在审议 1969 年的《税收改革法案》期间，国会议员们在公开会议上接受了利益集团赠送的各种各样的礼品，但当会议委员会闭门开会拟定最后的措辞时，他们背离了利益集团游说的意愿，使数十个特殊利益集团的希望破灭。②议事公开导致游说利益集团的大爆发。议员们的投票情况公开后，游说的效率就大大提高了，因为在无记名投票的情况下，无法保证"被收买"的官员是否按照游说方的意愿投票，游说的不确定性增强。

经过改革，国会逐步建立了更加完善的议事程序，很多规则和理念直到今天还在运用，例如其中一项重要的规则——记名投票就改变了以前国会不公开会议内容的传统。议会公开议事原则也成了代议制运行的基本原则之一，对促进社会的民主发展、提升公民的民主素养、增强议员的责任观念起到了非常重要的作用。但是，事物都有两面性，公开的记名投票也不能解决所有问题，有时候还会带来弊端。例如，无记名投票有时能"屏蔽"外来的压力，包括党团、游说集团、舆论等压力，在"屏蔽"了这些外来压力后，凭借议员的独立判断和内在良心更能做出正义的选择。1985 年国会宣布将着手制定一项两党合作的《税收改革法案》，国会里涌入了大量的说客，"会议室里挤满了人——队伍绕着街区延伸"，大量的利益集团准备了各种各样的礼品，准备去向议员们"游说"。被围困的委员会主席只好关上了委员会的大门，避开说客，召开了秘

① James D'Angelo, Brent Ranalli. "The Dark Side of Sunlight — How Transparency Helps Lobbyists and Hurts the Public". https://www.foreignaffairs.com/articles/united-states/2019-04-16/dark-side-sunlight，最后访问日期：2020 年 2 月 19 日。

② James D'Angelo, Brent Ranalli. "The Dark Side of Sunlight — How Transparency Helps Lobbyists and Hurts the Public". https://www.foreignaffairs.com/articles/united-states/2019-04-16/dark-side-sunlight，最后访问日期：2020 年 2 月 19 日。

密会议。1986 年通过的《税收改革法案》并没有受到利益集团的影响，且填补了每年 600 亿美元的税收漏洞。当时担任参议院财政委员会主席的俄勒冈州共和党人鲍勃·帕克伍德解释说："当我们在阳光下投票时，美国的每个行业协会都会在 12 小时内泄露议员们的邮件和电话，抱怨他们的投票。但当我们在里屋时，参议员们可以凭良心投票。"[1]

---

① James D'Angelo，Brent Ranalli. "The Dark Side of Sunlight —— How Transparency Helps Lobbyists and Hurts the Public". https://www.foreignaffairs.com/articles/united-states/2019-04-16/dark-side-sunlight，最后访问日期：2020 年 2 月 19 日。

第二章

代议机关的投票表决
方式与代议制度

中世纪前期的代议制度是赋予统治者统治正当性的工具。在当时,代议理论是一种"化身理论",国王或君主代表整个国家,代议制度赋予统治者统治的正当性。11—13世纪,意大利涌现出众多城市共和国,很多共和国的政权机构出现了代议制的萌芽。现代意义上的代议制雏形最早出现在英国,它摆脱了直接民主的困境,提供了更好实现民主的路径。代议制度在当今世界已经占据了主要地位。

代议制度的核心在于以议会的议员为代表,从人民那里汲取统治的正当性。代表使政治秩序具备了民主性,议会和其成员能代表人民统领政治秩序,从而取代君主专制。可以说,代议制的有效运转在于议员如何通过代表机制实现对人民的代表。选民和议员的关系是代议机关议事公开、投票公开的决定性因素。当代代议制国家,除了传统的立法行为,议员的服务行为开始增多,代表和选民的关系也从传统的问责关系向多重关系转变,这一转变削弱了代议机关公开投票的必要性。现代政党政治的发展使得议员面临选民和党纪的双重压力,公开投票造成了向政党负责和向选民负责的冲突。

第一节　代议制度的历史发展及当代特点

一、代议制度的定义和历史发展

近代意义上的国家政权形式的代议制度从19世纪末开始形成,并逐渐成为全球性国家政权制度的基本形式。关于代议制度,从不同的侧重点来定义会得出不同的结论,有的从代表的角度定义代议制,强调代表由选民选出,代表选民决定国家大事。例如,根据《中华法学大辞典》的定义,代议制又称"间接民主制""代表民主制",是由选民直接或者间接选举产生议员或代表,由议员或代表代表选民讨论和决定国家或地方重大问题的制度。①《资本主义大辞典》规定，代议制是由选举产生的代表民意的机关来行使国家权力的制度。② 还有围绕议会这一议事机构进行定义，例如，《法学大辞典》把代议制等同于广义的议会制，广义的议会制指由选举产生议员组成议会，按照"三权分立"原则，由议会执行立法职能，并在不同程度上对政府实行监督的政治制度，又称"代议制"或"国会制"。狭义的议会制与总统制相对，仅指议会内阁制或责任内阁制。③《马克思主义原理辞典》认为代议制等同于"议会制"或"国会制"，是资产阶级国家规定议会为最高权力机关、政府对议会负责的一种政治制度。采用议会制的国家，通常在宪法上规定，议会享有立法、监督政府（内阁）等权力。④ 以上定义，有的把代议制视为实现民主的方式，议员代表选民决定国家大事；有的从政权组织的角度定义，把代议制度定义为国家的政治制度，是一种以议会作为国家的重要政权机关的制度。这些定义勾勒出了代议制度存在的现状和一定程度的表现形式，但是要把握代议制的价值追求和核心内涵还要从代议制度的历史发展来分析。

（一）作为一种制度化程序的"代议"

有学者认为"代议"是一种人类处理共同事务的方法，在人类文明社会的早期阶段就已经出现了。当群体规模达到一定程度、全体成员一起参与处理共同事务出现困难时，就出现了"家长"作为家庭代表"代议"的现象。随着社会规模的进一步扩大，在部落联盟时期，有了体现直接民主的"人民大会"后，建立一个处理日常事务、具有原始的间接民主性质的"议事会"就成了必要。当时的"代议"没有形成一种制度，只是一种方式和程序，以"代议"的方法处理共同事务的程序。古希腊城邦国家的议事会、元老院等都是代议程序的体现，是一种制度化程序，依据法律、规章、协议、惯例等处理某些事务。⑤

虽然古希腊以其直接民主制度在人类历史上大放异彩，但是在政治领域也出现了具有代议制特点的政治现象。例如，公元前 7 世纪，雅典产生了有固定任期的国家执政官，并且通过选举产生。梭伦改革后，公民大会设立了 400 人会议，作为公民大会的常设机关，代行公民大会的部分职能，后来又出现了

---

① 许崇德：《中华法学大辞典·宪法学卷》，中国检察出版社 1995 年版，第 90 页。
② 罗肇鸿、王怀宁：《资本主义大辞典》，人民出版社 1995 年版，第 282 页。
③ 邹瑜、顾明：《法学大辞典》，中国政法大学出版社 1991 年版，第 376 页。
④ 刘炳瑛：《马克思主义原理辞典》，浙江人民出版社 1988 年版，第 189 页。
⑤ 高秉雄、苏祖勤：《中外代议制度比较》，商务印书馆 2014 年版，第 2—3 页。

500 人大会,扩大了选民资格的范围。古罗马的共和时期也出现了代议制度的初级形态。当时的执政官和元老院起到了代议机关的作用,公民大会的决定必须经过元老院的批准,元老院是实际上的最高权力机关。[①]

和现代意义上的权力制约、实现民主的功能不同的是,当时的人们只是采用代议制来处理公共事务,恰恰相反,相对于当时占主导地位的直接民主,代议制度似乎不是要扩大公民参与,而是要起到限制公民参与政府的作用。即使到了古希腊晚期,立法会议实际上已经成为城邦中举足轻重的机构,但是人们并不认为这个机构是权力工具,人们仍然认为每个人都享有直接参与治理城邦的权力。当时的政治家对这个代议制度的雏形也没有深入研究,他们口中的民主仍然是直接民主,并不包括代议制民主。并且,当时的城邦虽然有了根据人口产生的代表议会,但是没有决定公共政策的职权,这与后来代议制是限制统治者的工具不同。当时的思想家和政治家也没有意识到代议制的重大意义。随着城邦规模的发展,直接民主变得越来越困难,当时的统治者试图用城邦联盟来解决这个问题,但是没有人去构建已经产生的代议制度,以致海因茨·尤劳发出疑问,如果古希腊城邦能解决代议问题,是否就能抵抗罗马人和马其顿人的侵略?[②]

（二）中世纪出现了代议制度的机构雏形

中世纪前期,代议制度成为赋予统治者统治正当性的工具。当时的统治者把代议制度作为一种权力工具,是君主用来维护和平、行使利于自己的"正义"、充当为自己统治合法性背书的工具。虽然在后期,代议制度也起到了限制王权的作用,但总的来说,在中世纪,代议理论是一种"化身理论",国王或君主就代表了整个国家,代议制度赋予了统治者统治的正当性。在此后很长的一段时间内,政治势力之间的争斗不断,不管是帝王与教皇之间,还是国王和贵族之间,对代议理论的争论都停留在"谁代表全体"这个问题上,没有质的突破。[③]

从历史发展来看,11—13 世纪,意大利涌现出众多城市共和国,很多共和

① 刘宝辉:《论西方代议制的历史渊源、理论预设与制度形态》,《社会科学论坛》2016 年第 11 期。
② ［美］海因茨·尤劳:《代议制度观念之变迁》,江宜桦译,应奇:《代表理论与代议民主》,吉林出版集团有限责任公司 2008 年版,第 29—35 页。
③ ［美］海因茨·尤劳:《代议制度观念之变迁》,江宜桦译,应奇:《代表理论与代议民主》,吉林出版集团有限责任公司 2008 年版,第 35 页。

国的政权机构出现了代议制的萌芽。当时的政权机构由两部分构成：一是执行系统；二是选举和立法机构。后者由全体具备公民身份的自由公民组成民众大会，选举执政官，参与处理共和国重大事件。随着事务的增多，民众大会的职权被议事会取代。议事会成员由选举和抽签两种方式产生，议事会做出决策时需要到会成员的多数通过。这一现象被认为开创了代议制民主的先河，它的突出贡献在于议事会的产生方式和议决大事、通过法律、选取执政官等，已经具备了现代代议机构的雏形。典型的例证就是，把立法机构称为"议会"开始于米兰共和国。①

（三）资本主义时期形成现代意义上的代议制度

在中世纪中后期，部分国家逐渐出现了等级会议，为了协调国王和贵族之间的矛盾，君主召开了等级会议，并开始处理国家的重大事务，例如征税、战争等问题。等级会议成为代议制的最初雏形，在地方领主和贵族的压力下，国王在议决国家重大事项时要召集等级会议，征求他们的同意。现代意义上的代议制雏形最早出现在英国。1215 年，英国贵族迫使国王签订《自由大宪章》，通过明文规定限制王权、保护贵族权益。"一旦对统治权的限制被视为正当合理，又如果代议机关对各种分歧主张有裁决权，那么代议制度就可以说是约束政治权力的有效手段了。"②等级会议成了约束王权的手段，并成为立法性质的国家机关，现代意义上的代议制度开始形成了。中世纪的等级会议形成的一系列制度，例如选举制、两院制、表决制等程序规范，为资产阶级议会的建立和完善奠定了基础。

一般认为，资本主义国家确立代议制度并建立议会制政体是代议制度正式形成的标志。英国被称为"议会之母"，其建立资产阶级代议制政体的标志是 1689 年签订的《权利法案》。《权利法案》的实施使英国议会成为最高权力机关和唯一的立法机关。随后，美国、法国也建立了代议制度。

从代议制度的发展历史我们可知现代意义上的代议制度走出了直接民主的困境，提供了更好实现民主的路径。同时，代议制度并非天生有制约权力、保障民主的功能和价值追求，其是随着社会的发展，通过确立一系列规则和制

---

① 高秉雄、苏祖勤：《中外代议制度比较》，商务印书馆 2014 年版，第 34—36 页。
② ［美］海因茨·尤劳：《代议制度观念之变迁》，江宜桦译，应奇：《代表理论与代议民主》，吉林出版集团有限责任公司 2008 年版，第 35 页。

度,并通过确保核心制度的有效运转才实现了代议制度的价值追求。

二、代议制度运行的特点

代议制度在当今世界已经占据了绝对的统治地位,截至 2012 年年底,联合国 193 个会员国和 2 个观察国中有 180 多个国家建立了代议机关,几乎所有国家都把代议制度作为国家政治制度的组成部分。① 各个国家的代议制度没有统一的模式,但代议制度的运行具有一些共同的特点。

(一)代议制度是程序制度

卡尔·科恩认为,民主的实现程度要从两个方面进行评判,不仅要看民主的广度,而且还要看民主的深度。民主的广度是数量问题,由公民参与决策的比率决定;民主的深度则由参与者的参与度是否充分来体现,制度的设计是否有利于选出代表广泛民意的代表、是否有利于公民对代表们施加影响决定了民主的实际深度。② 在实行代议制的社会里,代议制度对民主有重大意义,因此,在代议制国家中,选举代表的制度、代表们议决的程序对该国的民主程度有重要影响。

议会议事规则研究在西方较为盛行,有的国家已将其作为一门学问。议会的议事程序引起了人们的高度重视,甚至有人认为当今的宪法学已发展成为程序宪法学。③ 有观点认为,选举议员的制度和议会的议事规则是体现国家民主程度的两个标准。科恩对议决规则有如下评价:"决议规则是民主的工具,其使用的形式仅仅是表示任何民主健全情况的一项标志,不过是最重要的一项。"④现代的民主政体,不论是议会制、总统制都设立议会,实行权力分立。在英国,以议员组成的议事程序委员会对议会改革进行讨论和研究,并形成惯例,每年向议会报告一次,议会根据报告书修改议事规则。议事程序对于不存在成文宪法的英国人来说,与宪法有着同等重要的地位。⑤

代议制度首先是程序制度,议会的表决方式属于重要的程序规则,对代议制度的运作起到重要作用,对代议制度能否实现其制度价值有重大影响。

---

① 高秉雄、苏祖勤:《中外代议制度比较》,商务印书馆 2014 年版,第 6 页。
② [美]科恩:《论民主》,聂崇信、朱秀贤译,商务印书馆 1988 年版,第 40 页。
③ 董璠舆:《外国议会议事规则》,中国政法大学出版社 1993 年版,"前言"。
④ [美]科恩:《论民主》,聂崇信、朱秀贤译,商务印书馆 1988 年版,第 68 页。
⑤ 董璠舆:《外国议会议事规则》,中国政法大学出版社 1993 年版,第 2 页。

（二）议员和选民的关系是代议制度运作的核心因素

代议制度不是理想的民主形式，而是理想的民主形式向现实妥协的产物。它和直接民主不同，不能直接体现民意，很多思想家对它报以怀疑甚至反对的态度，卢梭就是其中典型的代表。卢梭是坚定的直接民主的支持者。他认为，主权是不能被代表的，因为"主权本质上是由普遍意志构成的，而意志是不能被人代表的"。① 议员能否代表民意，决定了代议制能否实现民主的价值追求。

密尔对议员能代表选民利益表示怀疑。密尔认为只有当本人能够捍卫自己的权益时，这些权益才能免于被忽视。人们自保的力量越强，越能够身体力行地去维护自身利益，以免受他人的侵害。只有依靠自己而非依赖他人，才能在自保中取得成功。从人类的天性来说，人类通常爱自己胜过爱他人，以此扩大到阶级。密尔说，当权力集中在一个排他的阶级手中时，被排除的阶级利益总是处于被忽视的危险中。而且，即使看到了，也是用与直接利益相关者不同的眼光去看待的。密尔接着举例说，当前的政府排除了工人阶级直接参与，虽然组成政府的阶层已经没有普遍牺牲工人阶级的利益而去保全自己利益的企图，他们也愿意为维护工人阶级的利益做出牺牲，甚至在金钱上达到了"过分慷慨"和"不分青红皂白地慈善"，然而，议员们曾有过一瞬间用工人的眼光去看问题吗？密尔认为，如果举行罢工的阶级能够让议会听到自己的意见，问题将以不同的方式来解决。②

萨孟武看到了代议制度的优势，他认为代议制度可使官员更加专业、专心地从事政治活动，从而以更好的方式实现民主。在代议制度产生的初期，资本家忙于产业经营，没有时间参与政治活动，同时又因为社会情况发生了变化，政治参与要求的专业能力也越来越高，资本家于是委托政治官僚代替自己去处理政治事务。这样专业的官僚既能帮资本家节约参政的时间，又能利用自身的专业经验更好地从事政治活动，但是资本家阶层也寻求建立约束官僚阶层的制度，其中一个就是代议制度，即设立议会，以作为代表民意的机关，而有选举权的则限于纳税的人。这样，资产阶级就可以以议会为工具干涉政府。③ 资产阶级把代议制度作为寻找代理人来掌握政权的中介。

① ［法］让-雅克·卢梭：《社会契约论》，张灿金、曹顺发译，中国法制出版社 2016 年版，第 99—100 页。
② ［英］J.S.密尔：《代议制政府》，汪瑄译，商务印书馆 1982 年版，第 42—44 页。
③ 萨孟武：《政治学与比较宪法》，商务印书馆 2013 年版，第 53 页。

代议制度能否良好运行首先要看是否可选出能力较强、尽力负责的议员；其次，看议员是否服从民意，这就需要构建合理的制度约束议员。目前代议制国家普遍采用的议员任期制就是约束议员的制度，议员想要连任，就要在任期内对选民尽职尽责、体现民意。这些都是议会议事的重要原则，也是代议制度能否实现人民民主的核心要素。否则，人民相对于议会就会成为卢梭所说的"只有在选举国会议员时才是自由的，一旦选出议员，人民就重新沦为奴隶，就等于零了。"①

既要给议员足够的自由，信任议员的专业技能和政治素养，又要能对议员的行为进行监督和控制，这是制度在处理选民和议员关系时要考量的重要内容。西耶士在国民议会上曾对直接民主进行了批判，针对那些坚决反对代议制的说法，他反驳道："一种极其有害的误解正在广为流行，这就是人民凡是自己能够行使的一切权利，都不应该委托给他人。他们认为这是保障自由的原则。然而，这恰如对要往波尔多寄信的某人说，为了更好地保障自由，他应该保留自己携带这封信的权利。为什么？因为他不委托给办理邮政事务的公共设施，自己也能够办到。这样的笨拙主意谁能承认是真正的原因呢？"因此，他认为间接民主完全是可行的，选民把权利委托给议员正如寄信人委托邮局代己寄送信件一样。虽然自己操作是有可能的，恐怕一个理性人都会选择更专业、便捷的邮局来邮寄，而非亲自费时耗力地去寄信，但是寄信人对邮局也要有限制。日本学者河村右介对此做过分析，他认为，就国民意志和议会主权的关系来说，国民主权是本源，如果议会体现了国民意志，则议会主权和人民主权就是一致的。如果国民意志和议会不同，就要以国民意志为优先考虑。② 关于议员和选民的关系也是学者们研讨的重要命题，当前主流学说主要有委托说和代表说。

议员的代议行为在代议制度中起到"承上启下"的作用，是连接国家权力机关和人民的纽带，议员和选民的关系是代议制度运行的核心因素。代议机关表决方式也受这一关系的影响。

（三）运用多数决进行议决是代议制度的普遍原则

蒋劲松认为，在代议制民主国家，人民结成代议关系，产生国家的代议机

---

① ［法］让-雅克·卢梭：《社会契约论》，张灿金、曹顺发译，中国法制出版社 2016 年版，第 100 页。
② 周叶中：《代议制度比较研究》（修订版），商务印书馆 2014 年版，第 108 页。

关,而后又形成行政关系,产生执行机关。代议关系是一种基本社会关系,也是一个庞大的体系,包括四个基本类别:代议选举关系、代议议决关系、代议监督关系、代议再选举关系。其中,代议议决关系指代议机关行使议决权而与行政机关、国家元首、司宪机关、选民、社会公众发生的社会关系,以及代议机关内部在行使该权利过程中发生的各种关系。代议议决关系是代议关系的核心。①

"议决"是代议制度运行的基本功能之一。"议"指讨论、商议,也是"决"的前提和基础。马克思对资产阶级议会有个著名的批评:"清谈馆",但这不是否定"议"的功能和作用,而是讽刺资本主义议会"议而不决"。如果"议"而不"决"就是真正的清谈,是毫无意义的空气震动。②"议"是"决"的前提和条件,"决"是"议"的效果和追求。列宁在对资产阶级议会进行批判时说:"不在于废除代议机构和选举制,而在于把代议机构由清谈馆变为'工作'机构。"③

所谓民主一般有根据多数人意见下判断、做决定的含义,代议机关议事选择的基本原则为多数决。从人类文明发展史来看,多数决代替了以武力决斗定胜负的选择方式,是文明的进步。加上多数决倾听了多数人意见,被认为比较合理,也容易被人接受。多数意见容易集思广益,可在一定程度上避免个人认识的不足,被认为比较容易做出较合理的判断。亚里士多德曾说:"议院的任一成员,就个人而言,肯定不如一位贤人。但议院是由许多个人组成的,正如筹备一复杂宴席一样,所有来宾都出力的会胜过独自一人筹备的,要对许多事做出裁决的,一群人也会胜过任何个人"。④

多数决并不意味着不顾少数。与政治实践中间接民主代替直接民主一样,多数决并不是完美的、理想的选择原则,只是其能保存民主的基本原则,又具有较强的可行性。在政治实践中,除了依据多数决做出选择外,还要充分考虑少数人的意见和利益。密尔曾提出"真正的民主制"和"虚假的民主制"的概念。前者是代表全体的民主制度,后者仅代表多数。密尔认为,代议制民主应该是代表全体的民主,而不仅仅是代表多数人的民主。虽然密尔也赞成少数

① 蒋劲松:《代议法导论:基于中国人大制民主法治化》,法律出版社 2016 年版,第 15—18 页。
② 周叶中:《代议制度比较研究》(修订版),商务印书馆 2014 年版,第 25 页。
③ 《列宁选集》(第三卷),人民出版社 1995 年版,第 151 页。
④ 周叶中:《代议制度比较研究》(修订版),商务印书馆 2014 年版,第 24—25 页。

要服从多数的原则,但他认为,少数也应该有自身的代表,少数人的意见也应该被倾听,并且只有重视少数人意见、保护少数人利益、平衡多数和少数的"对抗",社会才会有长远的进步和发展。密尔断言,一旦多数方和少数方有一方取得彻底"胜利",不再发生冲突,社会就会停滞不前,甚至衰退。[①]

第二节　议员—选民关系与表决方式

诚然,代议制度既是世界政治思想史,也是政治制度历史中的伟大发明。"没有代议制度,民众有效参与大规模的政府是不可能的。"在 18 世纪后半叶,当人们意识到代表(议员)可以帮助产生整个国家的大规模民主,民治政府的拥护者们把这个新结合看成历史上最大的、惊人的政治创造之一。[②]

代议制度的核心在于,以议会的议员为代表,从人民那边有效汲取统治的正当性。代表使政治秩序具备了民主性,议会和其成员能代表人民统领政治秩序,从而取代君主专制。可以说,代议制的有效运转在于议员如何通过代表机制来实现对人民的代表。

一、密尔的思考——"专职代表说"还是"使节说"

密尔是代议制研究的集大成者,他结合英国代议制度的政治实践系统分析了代议制运行过程中的重大问题。在其著作《代议制政府》中,密尔在第十二章专门讨论了议员和选民的关系问题,他分析了当时有代表性的两种观点:一种观点认为议员是选民派往议会的"使节";另一种观点认为议员是选民的"专职代表"。"使节说"把议员类比成国家派驻国外的"使节",凡是遇到重要问题或者超出职责范围的问题,议员必须把问题交还给选民;"专职代表说"则认为议员可以按照自己的判断进行投票,而不管该判断是否符合选民意见。[③]

---

① ［英］J.S.密尔:《代议制政府》,汪暄译,商务印书馆 1982 年版,第 99—122 页。
② ［美］罗伯特·达尔:《多元主义民主的困境——自治与控制》,尤正明译,求实出版社 1989 年版,第 9 页。
③ ［英］J.S.密尔:《代议制政府》,汪暄译,商务印书馆 1982 年版,第 170 页。

（一）"专职代表说"支持议员享有较大的自由

支持"专职代表说"的理由有：为了更好履行政府职能，政府会挑选高智识的人，并且对他们进行长期的、涉及业务的实际训练。如果这些挑选和训练的目的就是要选出智识高出普通民众的议员，那么，这些议员的意见和选民的多数意见不相符就不足为奇了，并且议员的意见往往是正确的。在这种情况下，如果选民坚持议员必须绝对符合他们的意见，否则将不再选举这些议员，这样的做法就是不明智的。因为这样的话，挑选精英为议员从事代议行为的做法就丧失了意义。从密尔的这一分析来看，他好像是"专职代表说"的支持者，但是他又指出，上述明显的道理在实践中却常让人困惑。

按照密尔说法，"专职代表说"在实践中有难以解释的矛盾之处。按照前述观点，选民应该选择比自己更有智慧的人充当议员，那这个更有智慧的人也应当对选民负责，选民即为其委托行为的裁判者，但是选民对议员的行为进行判断时依据的还是选民自身的意见。如果普通人缺乏真正的判断标准，但是选民把自己的判断标准放到一边的话，又怎么判断议员们的治国能力呢？

另外，即使选民确信能选出最有治理能力的人，选民也不应该让议员全权代表自己，因为议员在能力上突出却不一定与选民的道德立场和政治信仰一致。这两个矛盾的因素常常交织在一起，选民应该选择比自己更有智慧的人做议员，但又要考虑议员的立场和理念是否和自己一致。在现行的选举制度下，选民们总是不得不从阶级地位和利益都不同于自己的人中选取议员，在这种情况下，听任议员去自由决断而不需要忠实于选民的利益是不明智的。从以上分析可知，"专职代表说"能选出合格的代表人，其也具备优于选民的政治治理能力，但由于议员享有极大的自由权限，议员的行为可能并不忠于选民。

（二）"使节说"着重体现选民意愿

"使节说"对议员规定了较大的限制，即议员在重大问题上必须听从选民的意见，但这种模式也有自身的缺点。对于明智的选民来说，因为他们承认自己选出的议员有卓越的智慧，故不会把自己的意见强加给比他们更有智慧的议员们。但是另外一些选民可能会以自己的意见为准，并不认为议员的意见胜过自己，他们不会选择那些和自己思想相左的人。这样，那些追求政治荣誉的人就会按照民众的要求去做，而放弃了真正的理性和智慧的决断。在这种情况下，可能就背离了选举议员进行民主议事的初衷，虽然保证了选民个人的意愿得以体现,但是社会的整体利益其实受损了。

同样,议员们也有难以接受"使节说"的理由。议员们在选民面前往往充分展示自己,例如,自己公共服务的能力;通过讨论公共事务展示自己尽职尽责;自己声名远播;能得到有名望的人的推荐;等等。对议员来说,将来遇到重大决定时要求他必须遵守选民的意愿,听从那些在知识上不如他的人的意见,对他们是一种侮辱,令其难以接受。

(三)以"专职代表说"为主,中和"使节说"和"专职代表说"

经过全面的考量,密尔得出了自己的结论。他认为议员不能全然不顾选民的意见,但是当二者存在意见分歧但又不涉及政治原则的时候,选民应该考虑到议员有智识上的优势,很可能是自己错了,可以放弃自己的意见。对议员来说,一个有良心和能力的人应该坚持按照自己的判断去行动,而不应该同意按照任何其他条件服务。对于选民来说,选民有权知道议员打算怎么做,这时候选民可以判断他们之间的分歧值不值得被忽视。如果涉及根本价值的分歧,则选民就会放弃这个议员,通过选举来完成对议员的选择。密尔中和了"使节说"和"专职代表说",从议员和选民两方各自的立场出发,尽量保证议员的自由决断权,认为除非涉及重大价值分歧,否则选民应该充分尊重并信任议员的选择。

密尔还以医患关系来类比议员和选民的关系。他说:"选民的工作,是选择一个在道德上和知识上最适当的人来作为他们的议员,以谋求健全的判断。完成了这项工作后,他不应该要求议员依照他们的判断去作为,就如同病人不应该依据他们对药的常识要求医生开立处方一样"。总之,密尔认为,选民有权充分了解候选人的政治见解和感情,当然他们可以拒绝在政治信条上和自己相悖的人。如果他们能欣赏议员智力上的优势,他们就会容忍候选人与他们意见相左的行为。总的来说,密尔认为"使节说"是错误的,议员应该享有更加自由的判断和抉择的权利。[①] 密尔提出的"专职代表说"和"使节说"以议员享有的议决自由为划分依据,奠定了现代理论学说的基础。现代民主政治理论在这一研究基础上,发展出了"委托说"和"代表说"两种关系理论学说。

---

① ［英］J.S.密尔:《代议制政府》,汪瑄译,商务印书馆 1982 年版,第 172—179 页。

二、现代民主社会议员—选民关系的理论学说

议员和选民的关系一直是代议制度研究者重点关注的课题,现代民主政治的研究者普遍采信的是"委托说"和"代表说",且以"代表说"为主流学说。

（一）"委托说"和"代表说"

"委托说"认为"议会各个议员,各为其本选区选民的受托人"。这种观点以卢梭的民权主义为基础,卢梭认为主权不能被转让,甚至也不能被代表,主权在本质上是由民意构成的,而人民的意志是不能被代表的。议员只不过是人民的办事员罢了,他们并不能代替人民做出任何决定。①

委托说的基本理念是:首先,选民享有一部分国家主权,选民选举议员,就是行使主权的表示,议员和本选区的选民之间存在一种委托关系。同时由于议员并非由全国选民选出,因此,和全国人民不存在委托关系。其次,议员和选民的关系与私法上的委托关系相同。委托人可以对受托人以训示(instructions),受托人必须依据委托人的训示进行议会活动。② 学者孙哲将其称为"镜面理论",指议员"不能主动创制政策,应该如一面光滑的镜子,如实地反映民意"。③ 总之,"委托说"强调议员是选民的代理人,意味着议员的能动性很小,基本上是选民意见的传声筒。这种学说在议会制度产生初期一度盛行。

现代国家采用较多的是另外一种学说——"代表说"。"代表说"否认议员仅为其本选区选民的受托人,认为议员是全国人民的受托人。议会和人民不同于普通民法上的委托关系,而是一种特殊性质的委托关系。该学说认为,主权属于全国人民,某一选区的选民只是全国人民的一部分,不能构成主权的主体,所以,该选区的选民既不是主权者,也不能作为委托人。议员在进行议事活动时,以维护国家及全国人民的利益为目的,而不局限于自己的选区利益。该学说认为,议会的意志应被视为全体人民的意志,可以用来约束全体人民。议会被认为曾受到全体人民的委托。④ 该学说强调两点:一是议员代表全体

---

① ［法］让-雅克·卢梭:《社会契约论》,张灿金、曹顺发译,中国法制出版社 2016 年版,第 99—100 页。
② 王世杰、钱端升:《比较宪法》,商务印书馆 1999 年版,第 221—222 页。
③ 孙哲:《左右未来:美国国会的制度创新和决策行为》,复旦大学出版社 2001 年版,第 361 页。
④ 王世杰、钱端升:《比较宪法》,商务印书馆 1999 年版,第 223 页。

人民而非仅代表某一选区;二是议员根据自己的独立判断行事,议员在行使立法权、决定权、任免权等权力时有较大的选择余地。

这两种学说都有各自的不足,在应用于政治实践的过程中也有难以避免的弊端,平衡议员的自由意愿和选民最终控制权的关系始终是实践中的难题。"议员过于讨好选民或许是代议制难以完全克服的负面因素,但议员完全不理会选民则是对代议制的彻底背叛"。[①] 无论是"委托说"中议员对选民的唯命是从,还是"代表说"的议员在一定程度上表达独立意志,在议员和选民关系上都包含前者对后者负责的要求,否则,就违背了代议制的基本精神。

无论支持哪种学说的思想家,都不是绝对排他的。例如,"代表说"的支持者柏克等,他们坚持议员要凭着自己的良心和智慧对政治事务做出最佳判断,但不认为议员就可以不向选民负责。相反,柏克认为,一旦当选议员,就背负了选民的托付,并且应勇于承担责任,当选民不同意自己的观点的时候,当然可以另选他人。同样,持"委任说"的学者们也不同意太过绝对的提法,其中的代表人物汉森曾质疑,一旦推选的议员组成了议会,同时又允许人民的力量随意介入,这样的议会将名存实亡。[②]

(二)从"委托说"到"代表说"的历史演进

政治实践历史存在从"委托说"到"代表说"演进的过程。柏克曾从历史发展角度对选民和议员的关系进行过思考。在 18 世纪的英国,认为议员是选民的训令代表的看法很普遍,认为议员要绝对服从人民的意愿。柏克反对这种看法。他认为,人民当然有表达自己意见的权利,议员理应慎重地考虑选民的意见,但如果据此认为,议员应该绝对接受违背其良心和判断的权威指令,那将是不合适的,也是对宪法规定的误解。除此以外,柏克还提出另外一个反对"训令代表"的理由,即政务和立法不能只靠意愿决定,应依靠理性和经验的判断,并且要经过充分讨论。"代表所应为你们(选民)尽到的职责,不仅是他的勤奋,而且还有他的判断"。他认为代表如果只听从选民的意见,那"他不是服务你们,而是出卖了你们"。[③] 柏克的这种观点和密尔的看法类似,都有智者治

---

① 马岭:《代议制下议员的角色定位》,《甘肃政法学院学报》2012 年第 2 期。

② 张福建:《代表与议会政治:一个政治思想史的探索与反思》,翟志勇:《代议制的基本原理》,中央编译出版社 2015 年版,第 24 页。

③ 张福建:《议会及议员的权责:埃德蒙·柏克代表理念的可能贡献及其限制》,翟志勇:《代议制的基本原理》,中央编译出版社 2015 年版,第 122 页。

国的倾向,主张要发挥议员在认知和能力上的优势,反对对人民意愿的绝对服从。

同时,柏克并不主张议员可以不顾选民感受,恰恰相反,他认为人民的感受是最真实、最值得关注的。他说,世界上最贫困、无知和闭塞的人恰好是实际压迫的裁判者。当人民普遍感到痛苦时,他们是最佳的裁判者。意思是说,这个社会有没有压迫、国家治理得好不好,选民最有发言权。①

在议员所代表的地域范围上,柏克也赞成"代表说"。柏克认为议员不仅是地区的代表,而且还是整个国家的代表。柏克既是杰出的思想家,还是有丰富政治经验的政治家。在他当选布里斯托的议员后向选民发表了演讲,他说,当你们选举了一位布里斯托的代表后,他就不仅仅是布里斯托的代表,而且还是国家的代表。他认为,议会不是由不同敌对势力派遣代表而组成的,没有必须维护自己利益而排斥其他代表利益的必要,国会应该代表整体的利益。②

柏克的这一主张反映了历史的发展趋势。首先,议员们逐渐产生了整体性的利益需求。议会发端于英王为了征税与各地代表进行协商,在这一过程中,代表逐步承担了两项任务:为君主分摊赋税和为地方争取权利。后来,为了对抗英王,代表之间逐渐产生了"共同体"意识,采取一致行动来和英王抗争,这就为代表突破地域限制提供了可能。其次,从理论上讲,如果代表们只顾自己选区的地方利益,那么,议会将成为"分赃大会",最终造成政局动荡,代议制也难以为继。议员既是选区的代表,也是国家议会的代表,兼顾地方和国家的整体利益,有利于代议制度的发展和国家的长远利益。当然,在政治的实际运行中,为了取悦选民、争取连任,议员们不得不尽力为其选区争取利益,这也是理论和实践的矛盾之处。总之,柏克认为,议员和选民的关系应体现为议员尊重民意但不屈从于民意;议员应该在维系国家整体利益的前提下,依据理性和智慧来议事和决断。③

---

① 张福建:《议会及议员的权责:埃德蒙·柏克代表理念的可能贡献及其限制》,翟志勇:《代议制的基本原理》,中央编译出版社2015年版,第123页。
② 张福建:《议会及议员的权责:埃德蒙·柏克代表理念的可能贡献及其限制》,翟志勇:《代议制的基本原理》,中央编译出版社2015年版,第123页。
③ 张福建:《议会及议员的权责:埃德蒙·柏克代表理念的可能贡献及其限制》,翟志勇:《代议制的基本原理》,中央编译出版社2015年版,第124—125页。

近代以来,很多国家在法律中明确采纳了"代表说"。1791 年《法国宪法》规定:"各郡所选举的代表,应不认为是各郡的代表,而应认为是全国国民的代表。"1875 年法国《众议院组织法》规定:"一切命令式的委托俱无效力。"这既规定了议员的全国性,又赋予了议员较大的自由权限,即不得对议员进行命令式委托。1919 年《德国宪法》规定:"议员为全体人民的代表,应仅凭自己良心行动,而不受任何委托的约束。"①

（三）议员与选民关系的新的理论类型

选民通过选举选取议员,也利用选举监督议员,这是原始的议员与选民关系类型。在这种传统模式下,议员在竞选期间对选民做出承诺,选民根据自己对承诺的认可和期许进行选举,议员当选后,既可能会遵循也可能会背弃这种承诺,选民通过下次的选举来实现对议员的"奖励"或"处罚"。有学者称之为"承诺型"议员。②

美国学者简·曼斯布里奇提出了承诺型、期望型、陀螺型和替代型四种代表模式,体现了当代议员和选民关系的新发展。他认为"承诺型"代表包括"委任型"(mandate)和"受托型"(trustee)两种传统模式,经过多年的实证研究,简·曼斯布里奇又提出了几种新的代表模式:"期望型"代表、"陀螺型"代表和"替代型"代表。这些代表模式的运作原理不同,选民对代表的问责机制也各不相同。

承诺型代表的问责制体现在:代表要对选民"负责",对选民"有所回应",要对选民"尽义务",甚至代表要受到选民的"束缚"。这种类型的代表通过对选民做出的承诺来发挥作用,选民通过下一次的选举实现约束力,以体现对代表的问责。在承诺型代表类型下,选民一般进行的是"追溯性投票",根据代表在竞选时的承诺为标准,通过追溯代表在已经过去的任期内的表现来决定如何投票(见图 2-1)。

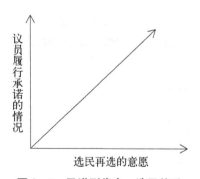

图 2-1 承诺型代表—选民关系

---

① 王世杰、钱端升:《比较宪法》,商务印书馆 1999 年版,第 224 页。
② ［美］简·曼斯布里奇:《反思代表模式》,钟本章译,宋阳旦校译,《国外理论动态》2017 年第 5 期,第 93—106 页。

期望型代表尝试取悦的是未来的选民,适用于竞选时的选民偏好在任期内发生显著变化的情况。代表会关注民意调查、焦点团体以及与选民情绪相关的变化,有时也会促使代表努力影响和改变选民,以使自己获得更多支持。这种代表模式的特点有:① 协商性强,代表主动加强沟通,以影响选民。② 既关注选民偏好,也关注根本利益。代表秉承"选民在思考后能改变其偏好"的理念。③ 认为选民是"可教育的"。期望型的代表关系被描述为"交互权力和持续的相互影响"。

期望型代表破坏了传统问责制,使得代表对当选时的选民负责不再重要,而只要对竞选时面对的选民负责就可以了,也就是说,问责制的作用是"前瞻性"的。期望型代表和承诺型代表的区别在于:承诺型代表没有区别当选时的选民和竞选连任时的选民,事实上,选民的思想会发生变化,或者代表可以促使选民的思想发生变化。期望型代表的着重点在于,协商民主而非聚合民主;聚焦利益而非偏好,关注立法沟通方式而不限于立法投票本身。这种类型强调选民和代表的双向沟通。这种代表类型使问责制转变为代表在整个任期内的协商质量(见图2-2)。

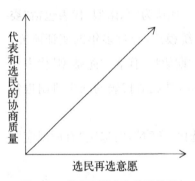

图 2-2　期望型代表和选民关系

简·曼斯布里奇认为,在"陀螺型代表"模式中,一般选民会选择具有更大自主选择权的代表,希望其选择的代表能在无外部激励的情况下按其满意的方式行事。代表不再向传统意义上的选民负责,只在其"内生原因"驱动下行动,对自己的信念和原则负责。此类型代表的狭义版本仅针对一个议题,例如堕胎的合法化;广义版本着眼于"公善的正直之人"。这种模式和前面两种模式的不同之处在于,陀螺型代表的偏好是内生的,选民不像在前面两种模式中那样可以改变代表的行为。在这种模式下,代表不必为了当选时或竞选连任时的选民而行动,其一旦当选,可以不再和选民联系。因此,选民和代表关系的关键并非问责制,而是预测代表具有和选民自身一致的价值观(见图2-3)。

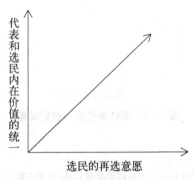

图 2-3　陀螺型代表和选民的关系

这种模式并非完全脱离传统的问责制,二者有重大区别。陀螺型代表往往对自己所在的或认同的政党负有更大的责任。在这种代表模式中,国会议员"从不考虑全体选民","选举问责制并不是必要的",甚至代表和选民的交流也无关紧要。

替代型的代表与其选民没有选举关系,是别的选区的代表。这种代表类型是一种非制度化、非正式和偶然的安排,是对现行的代议制度的补充。在自己的选区内属于少数公民的选民,可能在本区无法拥有任何立法代表,但是在一个选区失利的利益和偏好可能在另一个选区胜出,因此,A 选区的少数派选民就可能以 B 选区的代表作为替代型代表。由于替代型代表拥有的权力都是通过金钱或其他好处获得,而非选民来运作,因此,替代型代表被认为比传统的选民—代表模式更可能导致不公平。

虽然替代型代表不用承担正式的责任,但是代表仍然会对其他选区的替代型选民有责任感,基于代表和选民在特殊意识形态立场上的相似性,特别是当这个立场在立法机构的争论中属于少数派时。有时基于代表与替代型选民有相同的经历,这种责任感会更加强烈。替代型代表的要求不是一定要反映选民的意见和利益,而是要保证在聚合模式下,是否每种冲突性利益都能在立法机构中拥有与之成比例的独立代表,或者说,是否每种观点都得到了充足的协商或代表。因此,替代型代表的审查标准不是以选民为导向的问责制,而是代表制中的系统性不平等(见图 2-4)。[1]

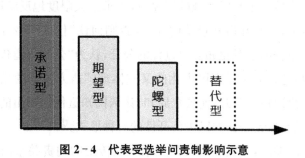

图 2-4 代表受选举问责制影响示意

承诺型、期望型、陀螺型、替代型这四种代表模式的运作原理不同,选民对

---

① [美]简·曼斯布里奇:《反思代表模式》,钟本章译,宋阳旨校译,《国外理论动态》2017 年第 5 期,第 93—106 页。

代表的问责机制也各不相同。从代表受选民的问责力度看,这四种模式基本呈现依次递减态势,多种代表模式的出现说明传统意义上代表受选民选举问责的方式和力度正在发生变化,代表和选民的互动增强。在期望型代表模式中,代表着眼于未来,不再只关注自己当选时的承诺,而是关注选民诉求的变化,并注重引导选民改变其偏好,体现了权力和权利的交互影响。这种类型的代表面对选民的选举问责时有了一定的主动性,不像传统的承诺型代表那样,被动地执行当选时的承诺,等待选民的选举考验。陀螺型代表受选民选举问责的影响更低,这种类型的代表强调的是牢固的内生价值,不像传统类型的代表能被选民改变行为。选民一旦选择了代表,就给予代表充分的信任和自由,代表没有传统的、向选民负责的动力,往往凭借自身的信念和认知行事。替代型基本无法体现选民对代表的问责,因为替代型代表和选民并非同一选区,这种代表类型纯粹是一种补充模式,主要是为了保证少数的意见能被表达、被听取。

从代表和选民关系的理论研究看,二者的关系呈现了多元化趋势。传统的关系是代表接受选民委托,选民通过下次选举对代表进行监督和考量,除了这种基本关系外,还存在代表对选民提供服务等多种关系。

三、议员—选民关系决定了代议制是责任政治

代议民主制中议员(代表)和选民的代表关系要求选民知悉议员(代表)的代议行为。在直接民主难以实现的情况下,力求最大限度地反映民意,选民首先要了解代表的行为,知道其投票的立场,否则何谈"代议"呢? 因此,有学者提倡议案审议过程的公开化和表决过程的公开,认为"公开报道包括反对票在内的表决结果,这是立法过程民主化的又一体现。"西方议会的唱名表决把表决者的姓名与投票情况公开,使公众周知,让选民知道他们选出的议员是否代表了他们的意愿,这是立法的民主公开性的一种形式。[①]

随着社会的发展,代表和选民的关系也从传统的问责关系向多重关系转变。在实践中,议员行为呈现了多样性,除了传统的立法行为,服务选区的活动日益增多,选民对代表的选票奖励或问责受"选民无知"的限制。这些变化

---

① 梓木等:《民主的构思——论我国人民代表大会制度的发展与改革》,光明日报出版社 1989 年版,第 128—129 页。

影响了代表的立法行为,对表决方式产生了一定的影响。

(一)选民通过代表实现对国家的控制和监督

美国的开国元勋之一杰斐逊是代议民主思想的重要先驱之一。杰斐逊提出了代议民主制要遵循的原则:首先,人民要具备对政府进行控制的能力;其次,政府体现并执行人民的意志;再次,政府要切实保障人民享有自由的权利;最后,实行少数服从多数的原则。① 杰斐逊非常重视人民对政府的控制和监督,他认为如果人民仅把主权委托给政府行使,政府作为人民委托的统治者,必然会蜕化、变质。人民控制政府的手段之一就是选举自己的代表。杰斐逊主张,"他们(人民)可以随时个别地撤换这些代表,或在形式上、职能上改变代表的组织,"否则,"民选的代表仍然可能蜕变成豺狼"。他还主张实行普选,认为通过大大增加投票人数,可以解决收买选票的问题。他认为,人民是统治者唯一的审查者和监督人,提出只有人民才是他们自己权利和公共权力的可靠监管者。②

密尔也强调人民对政权的参与和监督,他认为"最好的政府形式就是主权或作为最后手段的最高支配权力属于社会整个集体的那种政府,每个公民不仅对该最终的主权的行使有发言权,而且至少是有时能达到实际上参加政府的要求,亲自担任某种地方的或一般的公共职务。"③

(二)选民通过选举实现对议员的激励或惩罚

乔万尼·萨托利认为,选举本身并不能产生真正的代表,天主教会的教皇是由枢机主教团选出,但他不能算是选民的代表。萨托利认为把代表和选民联系起来的是对当选者的责任和义务的正常预期,以及当选者对选民的应负义务。当然,由于选民有选择权,也可能以不再选任代表作为预期。④

因为议员的当选取决于选民的投票,所以在选举竞争的压力下,议员通常会兢兢业业地做好服务,并解决选民的立法诉求。选举激励是影响议员行为模式最直接有效的机制。作为理性行动的选择者,议员会通过计算当选、连任和晋升的主要决定因素,想方设法地迎合选区里选民的偏好,争取获得多数

① 白锐:《代议制政府原理研究》,《暨南学报(人文科学与社会科学版)》2004 年第 5 期。
② 曹希岭:《杰斐逊关于权力制约与监督的思想》,《学海》2002 年第 5 期。
③ [英] J.S.密尔:《代议制政府》,汪暄译,商务印书馆 1982 年版,第 41 页。
④ [美] 乔万尼·萨托利:《民主新论》,冯克利、阎克文译,上海人民出版社 2009 年版,第 42 页。

选票。

通过选举把议员和选民联系起来是当今社会普遍存在的关系类型。这种类型通过选举授权,使议员从选民手中获得权力,同时也为自己选举的议员行为获得合法性,在选民赋予议员权力的同时也要求议员承担相应的责任。如果议员在任期内没有服务好选民或没有很好地反映选民的诉求,就会面临"选举惩罚",最终导致连任失败。

选举使议员和政治家们把服务好选民作为自己工作的重要目的,如果他想赢得更高的职务、获得更大的权力就必须服务好公众。2012年,当时的美国总统奥巴马想去纽约州视察灾情,纽约州州长以手头事情太多、无法陪同为由,在记者招待会上"婉拒"了总统的要求。[①] 州长之所以如此"怠慢"总统,就是因为根据美国的政治制度,其"政治生命"是由本州人民决定的,一位很好履行公共职能、让本州选民满意的州长才能获得政治上的回报。

选民通过投票来控制政府,落实对政治家的问责制。有学者拿市场上的厂商和消费者的关系类比政治家和选民,他认为政治家像厂商一样,在政治市场上提供适宜的政策来赢得消费者(选民)的选票。在经济市场上,消费者用脚投票来改变厂商,并给厂商制造压力,即如果你提供的产品质量不好或者价格过高,我随时会用脚投票。[②] 政治领域中也有类似的机理,选民通过选票来实现对议员的问责。议员的各项公务行为都可能影响选民的投票。目前,议员的立法行为不再是选民关注的唯一领域,甚至也不是关键领域,因为议员的选区服务越来越重要,对选票的影响也至关重要。

(三)议员服务行为增多,立法行为不再唯一

传统的选举型议员行为已经不能容纳所有的议员行为,这种关系是以议员行为为中心的单向关系,它建立在选民惩罚和议员恐惧的基础上,它的功能局限于集合选民的偏好。这种看法已经和现代社会的议员行为脱节了。在新的历史条件下,选民和议员的关系发生着变化,议会不仅要完成立法表决等政治性活动,而且越来越注重改善与选民的沟通方式。

罗彬通过研究,把代表行为分为三种:第一种代表行为指代表在议会中

---

① "纽约市长婉拒奥巴马前往纽约视察灾情要求",https://world.huanqiu.com/article/9CaKrnJxyRm,最后访问日期:2019年9月26日。
② 包刚升:《政治学通识》,北京大学出版社2015年版,第255页。

做出决定。第二种代表行为就是回应选民。除了传统观念中的代表按照选民的意愿进行议会活动之外,现代代表还关注和选民的互动,其中政策回应的核心问题是代表与选民如何互动,从而在公共政策方面达成一致;服务回应指代表为其选区的特定利益而努力;分配回应指代表通过影响拨款或其他行政干预为其选民争取利益。象征回应代表了一种公共姿态,帮助在代表与选民之间建立信任。第三种代表行为被概括为协商,强调代表的反思性、协商性。[①]

英国议会官网在介绍"议员能为你做什么"时指出,议员会以各种方式帮助自己的选民,从帮助选民做私下询问到在下议院公开提出问题。这些步骤包括:写信给相关部门或官员约谈这个问题——在下议院公开提出该问题,并正式记录在案,可能引起公众关注——在议会之外,选民也可以要求代表就特定问题发言,承诺他们支持某项活动。[②] 议员已经超越了代表选民参与立法活动这一单一职能,广泛参与了选民的日常生活。

议员的立法活动指议员通过提案、审议和表决等活动决定和影响法律的制定和通过。当代议员的立法作用和 19 世纪相比已经大大削弱,这与议会由决策性立法机关转变为对政府政策进行审查和施加影响的机关有关。在总统制国家,议员的立法作用能直接得以显示,例如美国,形式上,所有的立法提案都要由议员提出。而内阁制国家的法律一般由执政党提出议案,议员只能在审议议案的过程中施加影响,例如采取发言、辩论、质询等方式发表自己的意见。[③] 由于国家的政治体制不同,议员参与立法的阶段也各不相同,但是都能在审议议案中参与讨论以及最后的表决。

(四)议员—选民关系和投票方式

不管是代表论还是委托论,民主理论中的两种传统理论都不支持议员无记名投票。被指示的代理人的行为必须对委托人明显可见,否则,委托人就无法评估委托任务是否得到了准确执行。代表相当于人民的"下级官员",一旦当选,其辩论的角色功能就终止了,他们甚至不能去说服别的代表改变其受委托的任务。代表们在代表程序中不用深思熟虑,只要记录他们委托人的立场,

①　罗彬:《超越代表与选民关系的二元模式》,《国外理论动态》2017 年第 8 期。
②　"What your MP can do for you",https://www.parliament.uk/about/mps-and-lords/members/what/,最后访问日期:2019 年 10 月 5 日。
③　高秉雄、苏祖勤:《中外代议制度比较》,商务印书馆 2014 年版,第 106—108 页。

进行投票就行了。

受托人一般都有再次当选的预期,因此他必须在任期内向选民展示他的决定符合选区内的公众利益,以赢得选民下次的选票。因此,受托人行为的可见性和公开性就非常重要。代表和受托人都是为了他人的利益,不是独立的道德代理人或利益承担者,换言之,他们不是自由的,必须受选民意见的约束。这个基本原理在代议制度的发展过程中逐步获得了共识,如本书所述,在代议行为不公开的年代里,虽然人民意识到代表们可能实施损害选民利益的行为,但是人民却无从知晓,从而无法实现对代表的监督,代议制设定的人民主权的原则也无从实现。议事公开和新闻舆论监督的要求越来越强烈,在 20 世纪晚期,资本主义国家普遍建立了议会公开制度,面向人民和新闻媒体公开议会议事情况,议会的投票方式也普遍采用了公开表决的方式。

现代代表行为出现了新类型,代表向选民负责的情况也发生了变化。"替代型"代表甚至代表别的选区的选民,他们还需要向这些选民负责吗? 非本选区选民对议员还有约束力吗? 对于代表别的选区选民的议员来说,虽然传统的选民的"选举奖励"和"选举惩罚"不能直接发生作用,但是代议理论越来越强调议员不仅要代表本地区,而且还要代表整个国家的利益,所以,就议员要向全国的选民负责的角度来说,选民对议员的责任控制仍然存在。议员的责任并不能被免除。[1]

政党政治的出现影响了议员和选民的关系,使得议员不仅要向选民负责,而且还要面临服从党内指导的压力。公开投票使得这种压力增大。卡尔·施密特认为,议员应是全体人民的议员,拥有不受任何人支配的独立权威。议员不受指导和命令,只遵从自己的良心并接受选民的监督,但是在政党政治的挤压下,各利益集团纷纷寻找自己在议会的利益代理人,党纪的要求撼动了议员的独立地位。[2] 因为在公开投票的模式下,不仅选民能看到议员的投票情况,而且政党组织也清晰地知道它的成员有没有"背叛"政党的意图,这使得向党负责和向选民负责有时会发生冲突。

---

[1] Daryl Glase. The Case Against Granting a Secret Ballot to Elected Representatives: Democratic-Theoretical Reflections on a South African Controversy. *Politikon*, Vol.46, No.2, 2019, pp.157 - 174.

[2] 翟志勇:《代议制的基本原理》,中央编译出版社 2015 年版,第 140 页。

由于纪律严格的政党严格控制本党的投票情况,故造成议员不是向选民负责,而是需要向政党负责。"对政党负责并不是一种值得尊重的责任形式,因为这往往意味着对政党领袖负责。只有对选民直接负责才值得尊重。"[1]以政党为中心的选举制度和选民授权观念在一定程度上会发生冲突。有学者建议,在目前大多数国家实行政党制度的情况下,要协调好政党和选民的利益冲突。一个政党的民主质量非常重要,作为一个潜在的公共权力机构,国家应尽量确保政党的内部民主。确保政党的集体领导而非领导人来掌握授权,会增强议员向选民负责而非向政党负责的概率。

有学者指出,无记名投票不是解决冲突的优选,也会带来影响宪法秩序等不良后果。一些未来的"坏"领导人会利用议会无记名投票来加强自己的权力,削弱其他政党。换句话说,无记名投票可能会被用来加强权力的集中或支持腐败、压制其他政党。"坏政党"可能会秘密地说服其他政党的成员背叛他们自己的党,或者支持一个坏领导人,或者罢免一个好的领导人。强大的政党会以自身优势来玩这个游戏。同时,自己政党的党员也有可能被别的政党利用。另外,还有可能使宪法名誉受损,造成司法机构高度政治化。不少在不信任案中支持无记名投票的人也反对在议会投票中使用无记名投票,认为只有当议会无记名投票能够合理地满足选举代理人的目标时才应该使用。[2]

在代议制度下,议员—选民关系的基本模式和构建原理没有变化,选民对议员有监督的权力,议员对选民有负责的义务。这个基本模式符合代议制的理论原理,要求代表行为公开,便于选民进行监督。虽然仍然存在不少弊端,但是议会采取公开的表决方式是资本主义代议制国家普遍的共识。同时,议员—选民关系也有了新的变化趋势,即议员的独立性增强,选民对议员的评价不再以立法行为为唯一依据。这些现象的存在都削弱了选民对议员的控制,或者说削弱了控制的必要性和必须性。

总之,根据代议制的运行原理,议事公开是选民对议员监督的前提和保

---

[1]　Daryl Glase. The Case Against Granting a Secret Ballot to Elected Representatives: Democratic Theoretical Reflections on a South African Controversy. *Politikon*, Vol.46, No.2, 2019, pp.157 - 174.

[2]　张新权:《西方政党的内部运作及启示》,《求实》2004 年第 5 期。

障,虽然在现代社会选民和议员的关系呈现多元化趋势,并且政党政治也对二者关系造成了一定影响,但是公开投票仍然是普遍共识。"一旦我们达到保护议员免受暴力侵害是压倒一切的地步,民主本身就岌岌可危,无记名投票虽然作为一项紧急措施是可以想象的,但却不能被视为任何积极意义上的民主措施。所以,在理想情况下不应该使用它。"①

---

① Daryl Glase. The Case Against Granting a Secret Ballot to Elected Representatives: Democratic-Theoretical Reflections on a South African Controversy. *Politikon*, Vol.46, No.2, 2019, pp.157 - 174.

第三章

资本主义国家代议机关的投票表决方式及适用依据

——以英、美、法、日为典型

英、美、法是典型的西方资本主义国家,有比较完善的代议制度,日本有着和我国相似的东方文化背景,以上述四个国家代议机关的投票表决方式为研究对象具有借鉴意义。四国代议机关投票表决方式的特点有:一是以公开投票表决为主;二是针对争议不大的事项一般采用举手、呼喊等简单高效的表决方式;三是针对重大事项的决议采用正式的公开记名投票;四是投票表决的方式可以灵活转换。

多数国家代议机关的投票表决方式有从秘密投票到公开表决的过程,有的较早建立了公开表决的制度,有的直到 20 世纪末才从秘密投票转变到公开投票。关于公开还是秘密的争论一直没有停息过,当代代议制国家普遍选择了公开投票的议事表决模式。这种方式符合代议制的运行原理和基本规则,但是需要有较完善的议事公开制度和议员免责制度来支持。当公开投票的条件不具备时,秘密表决胜过公开投票。选用表决方式时还要考虑以下因素:提高议事效率、保障投票自由、针对议决事项选用不同的表决方式。

议事公开、表决公开的目的是保障选民知情权、展现议员自我价值、为选民负责。"选民无知"和"理性无知"对这一问责路径构成了新的挑战。

第一节　英、美、法、日四国代议机关投票表决方式

选取四国作为研究对象的理由如下:英国议会被称为"议会之母",有比较完备的议会议事规则,可供我国借鉴;美国是当代发达资本主义国家的代表,研究其政治法律制度有重要意义;法国不同于英国和美国的政治体制,也有代表意义;由于法律制度的运行受社会整体环境的影响,鉴于日本和我国有相似的文化背景,故对日本国会的投票表决方式进行研究亦有一定的意义。

一、英国议会的投票表决方式

（一）呼声表决

在英国议会，议案经过讨论，议长会询问何人赞成、何人反对，根据声音大小来决定该议案是否通过，这就是呼声表决。呼声表决在英国议会有悠久的历史。14世纪末，下议院的议长开始由选举产生，当时下议院的表决过程"基本靠吼"，议员们"同意"的声音大，议案就通过了；反之，如果"反对"声音大，则议案就会被否决。[①] 1532年，英国下议院首次采取计票表决制。以数字统计票数当然更精确，同时也反映了议会的争论越来越激烈。[②] 呼声表决的方式被英国议会保留至今，现在不管是上议院还是下议院，一般都以此作为首选的表决方式。当一项议案结束辩论后，下议院议长宣布交付表决，由议员大喊同意或反对来表达意见，议长根据喊声的响度和其他特征来判断哪一方占多数。如果没有人反对，就由议长来决定这一法案是否通过。如果被宣布为少数派的人有异议，议长将清场，进行分门表决。[③] 另外，如果议长宣布交付表决后，既没有人"同意"，也没有人"反对"时，这一议案将被宣布没有通过。上议院的呼喊表决程序和下议院基本相同，议长宣读动议条文交付表决时，赞成者喊"同意"，不赞同者喊"不同意"。

（二）分门表决

为了更精确裁决议案，英国议会采用数字统计的方法来进行决策，这就是分门表决。这种方式比较慢，但是准确性高，这也说明随着议会制度的完善，议会的议案讨论变得越来越激烈了。[④]

议案经过讨论，议长会询问何人赞成，何人反对，根据声音大小决定该议案是否通过，如果反对方呼声较高，则需要分门表决。程序如下：首先，议长命令清场，下议院议长宣布"清除大厅"，上议院则由议长宣布"清除障碍"，关闭会场进出口。同时全院响起响亮而独特的电铃声音，警察也在甬道大喊："表决"，以提醒在议会附近办公的议员来参加表决。因为英国议会规定议员

---

① 张晓骥：《英国议会往事：议会不是一天开成的》，中国法制出版社2011年版，第49页。
② 张晓骥：《英国议会往事：议会不是一天开成的》，中国法制出版社2011年版，第68页。
③ "Putting of question at close of debate", https://erskinemay.parliament.uk/section/4800/putting-of-question-at-close-of-debate/，最后访问日期：2020年2月27日。
④ 孙晓骥：《英国议会往事：议会不是一天开成的》，中国法制出版社2011年版，第68页。

不必参加辩论就能投票,故一些议员就在议会附近办公。议员有 8 分钟的时间赶到会场,时间过后会关闭大门。等一切准备就绪,议长将重新宣读准备表决的议案,假如刚才反对的议员不再反对了,则不再进行表决。否则,议长会从赞成方和反对方中各指派两名监选,由执政党及反对党推荐,分别看守赞成和反对两个出口。议员从此经过,书记官逐一登记姓名,并向监选人报名。监选人清理人数,将赞成和反对的人数告知书记官。然后四名监选人一起到议长席前鞠躬,议长正式宣布表决结果。① 一次表决平均要花费 15 分钟,如果一天之内有多场分门表决,则需要耗费不少的时间,身体稍弱的议员因此叫苦不迭。

虽然议会已经审议过关于采用电子投票的议案,但是英国至今还没有采用效率更高的电子投票方式,其中一个理由是:议员没有固定座位,并且坐在长条座位上,面前没有桌子。② 还有议员反对电子表决器的理由是:亲自到大厅参加投票表决程序是与同事进行交流或游说的好机会,而电子表决器投票是直接按按钮,没有交流的机会。③

议员投票的情况会被记录下来,在英国国会官网公布。英国是较早公布议会议事记录的国家,上下两院的会议日程、议员的发言表决情况都被记录在英国国会议事录里。国会议事录的历史最早可以追溯到公元 1774 年,最初是以私人名义印行的英国下议院摘要性的非官方报告。1909 年,英国国会开始接管该项出版业务,发行详细的报告。现在的议事录是每日出版,供公民公开查阅。④ 英国国会网站上也有国会议事录栏目,记录在任何一个会议厅举行会议的一天的议程安排,在一位议员发言后三小时内可以浏览其发言的内容。第二天早上,《议事录整理记录》(当天部分)出版后,网站就会更新。议员的个人网页上也会集中记录他的突出贡献和投票记录,当议员在议会辩论上发言,民众可以通过点击他们的名字找到其发言情况和投票记录。⑤

---

① 陈圣尧:《英国国会》,台湾商务印书馆 1986 年版,第 106 页。
② 陈圣尧:《英国国会》,台湾商务印书馆 1986 年版,第 107 页。
③ "Division",https://www.parliament.uk/about/how/business/divisions/,最后访问日期:2020 年 2 月 27 日。
④ 曾灶松:《论立法机关议事辩论记录的公开》,《广州市公安管理干部学院学报》2005 年第 2 期。
⑤ "About Hansard Online", https://hansard.parliament.uk/about? historic = false,最后访问日期:2020 年 2 月 27 日。

图 3-1 体现了英国下议院审议《农业法》的其中一次分门表决的部分情况。① 受篇幅所限,网站列举的议员投票名单只截取了部分信息。

农 业 法 案

第 27 次分门表决:于 2020 年 2 月 3 日星期一举行

下议院分门表决

赞成 206 票	反对 320 票
"同意票"计票员	**"否定票"计票员**
谭甘·达本那	奈杰尔·哈德尔斯顿
杰夫·史密斯	玛丽亚·考菲尔德
投票赞成的成员	**投反对票的成员**
戴安·阿博特女士阁下	奈杰尔·亚当斯
塔希尔·阿里	比姆·阿福拉米
迈克·埃姆斯伯里	亚当·阿弗里耶
弗勒·安德森	伊姆兰·艾哈迈德·汗
托尼亚·安东尼亚齐	尼基·艾肯
乔纳森·阿什沃思	露西·艾伦
宝拉·巴克	李·安德森
玛格丽特·贝克特阁下	斯图尔特·安德森
……	……

图 3-1 英国国会分门表决情况公示

二、美国国会的投票表决方式

美国议会公开表决的原则首见于《美国联邦宪法》第 1 条第 5 项:两院均应设置议会记录,除必须保守秘密部分外,应随时公布,各院对任何议案之赞成与反对人数,经出席议员 1/5 的请求,应登录于会议记录。当然,宪法规定的公开原则在当时是有所保留的,不是无条件公开,现在参众两院的投票表决情况除了秘密会议,基本上都是公开的。

美国众议院议事中要遵守的规则包括《美国宪法》《杰斐逊手册》《议事规则》、对本院具有法律效力的规则等。虽然每届议会会公布该届议会的议事规则,但基本上不会对上一届的规则进行大的改变。

(一)众议院的投票表决方式

1. 声音表决

声音表决是众议院常用的表决方式,也是表决事项的首选方式,对声音

---

① "Agriculture Bill (Division 27: held on Monday 3 February 2020)-Hansard-UK Parliament", https://hansard.parliament.uk/Commons/2020-02-03/division/D072B8A3-C442-45D3-97C6-80DD34A 5A7C9/AgricultureBill?outputType=Names,最后访问日期:2021 年 9 月 9 日。

表决的结果存疑或有异议的可以在表决结果公布前,提出再次进行其他类型的表决。《美国众议院议事规则》第 6 条规定了众议长主持声音表决的情况,众议长就议决的事项宣布:"赞成这一问题的,请说是"。赞同者按要求进行表决,呼声停止后,众议长再问:"反对这一问题的,请说不"。议长根据声音的大小判断人数较多的一方胜出。如果声音表决无法做出最后抉择,则可能引发分组表决或者电子设备投票。在声音表决中不记录议员个人的投票情况。

2. 分组表决

分组表决的情况比较少,和声音表决一样,并不提供每个成员投票的公开记录。根据众议院议事规则,如果议长对声音表决的结果不确定,或一名以上议员要求进行分组表决,则要进行分组表决。表决时,众议院议员分为两列,持赞成意见的人先从座位上站起来,工作人员清点人数,然后是反对者站起来,工作人员清点人数,最后只公布双方各自的得票总数。

3. 赞成和反对票表决

如图 3-2 所示,在众议院,这种投票方式一般采用电子设备进行,记录每位议员投票的情况。美国《宪法》规定,在 1/5 的出席者要求下可以采用赞成和反对票的表决方式。《众议院议事规则》规定了另一种采用投票表决的决定程序:现场议员的人数明显不能满足前述最低法定人数,而有关议员又反对进行声音表决时,可以向议长提出赞成和反对票表决。议长考虑相关因素后,可以同意进行赞成和反对票表决。美国《宪法》规定,要推翻总统对一项法案的否决,则需要采用这种表决方式。众议院的全院委员会不得采用赞成和反对票的表决方式。声音表决后结果公布之前,议员可以要求再进行赞成和反对票表决或者记录表决。这种表决方式和记录表决的区别在于:采用赞成和反对票的表决方式需获得出席议员总数 1/5 以上的支持;而记录表决则需要获得法定人数 1/5 以上的支持(最低 44 名议员),全院委员会需要 25 人以上的支持。

4. 记录表决

在众议院,一些投票是通过声音进行的,但更多投票是通过电子设备进行,这是一种记录每个投票成员个人立场的投票方法。根据规则,任何成员、代表或驻地专员均可提出记录投票,该请求需要得到至少 1/5"法定人数"的支

691 号点名表决的最终投票结果
（共和党党员用斜体；无党派用下划线表示；其他为民主党党员）

休会 赞成和反对票 2019 年 12 月 18 日上午 9:33
议题： 关于休会的动议

	赞成(票)	反对(票)	出席	弃权(票)
民主党	—	225	—	7
共和党	188	—	—	9
无党派	—	1	—	—
总　计	188	226	—	16

赞成票 188

亚伯拉罕	古登	纽豪斯
阿德霍尔特	戈萨尔	诺曼
艾伦	格兰杰	纽内斯
阿莫特	格雷夫斯(GA)	奥尔森
阿姆斯特朗	格雷夫斯(LA)	帕拉佐
阿灵顿	格雷夫斯(MO)	帕尔默
巴宾	格林(TN)	彭斯
培根	格里菲思	佩里
贝尔德	格鲁斯曼	拉特克利夫
巴尔德森	格斯特	里德
……	……	……

反对票 226

亚当斯	戈登	奥卡西奥-科尔特斯
阿基拉	戈麦斯	帕洛内
奥尔雷德	冈萨雷斯(TX)	帕内塔
阿玛什	戈特海默	帕帕斯
阿克斯	格林 Al(TX)	帕斯克利尔
巴拉甘	格里哈尔瓦	潘恩
贝斯	哈兰德	珀尔马特
贝蒂	哈德(CA)	彼得斯
贝拉	黑斯廷斯	彼得森
拜尔	海耶斯	菲利普斯
……	……	……

图 3-2　美国众议院公布的一次赞成和反对票表决结果①

---

① "Final Vote Results for Roll Call 691"，https://clerk.house.gov/evs/2019/roll691.xml，最后访问日期：2020 年 2 月 15 日。

持,表决一般通过电子设备举行。议员通过电子投票卡投票,他们的选票会显示在会议厅的电子板上,准备投票的成员会经常查看电子板以便考虑如何投票。电子设备投票是记名投票。秘书长将按字母顺序,把持赞成意见的议员和持反对意见的议员名字按照不同类别录入议事录,并在国会记录上刊登。电子设备投票程序最短为 15 分钟。[①]

众议院的大部分议事活动是在全体委员会举行的,全体委员会采取的表决方式有:声音表决、分组表决、记录表决。

众议院以前还有点名表决的方式。该投票程序如下:秘书长按姓氏字母顺序对议员进行逐一点名,被点到的议员表达自己的赞成或反对意见。第一次点名结束以后,秘书长将按姓氏字母的顺序对第一次点名未到的议员进行再次点名,在点名表决结果出来之前的投票有效。在众议院,点名表决一般被电子设备表决取代了。

从效率的角度来说,声音表决简单快速,适合争议性不大的事项。在表决过程中表决方式可以转换,先采取简单的表决方式,对表决结果有异议的则可以用其他方式进行二次表决。从公开和不公开的角度来看,四类表决方式都是公开的。虽然声音表决和分组表决不对个人的表决情况分别记录并公布,但表决是当众进行的,会场中的党内、党外同事都目睹了表决的情况,本党的议会党团也会安排工作人员进行统计。虽然声音表决和分组表决是公开举行的,但不向选民公布议员的态度。记录表决详细记录了每位议员的投票情况,包括党派的赞成票和反对票都会记录并在网上公布,选民可以以"议决事项"为关键词进行搜索,能看到历次议决事项表决的详细情况,也可以关注某位议员在不同事项上的表决情况。图 3-3 是众议院点名表决的情况,详细记录了议决事项的简单情况、时间、表决结果、法案的最终走向、民主党的投票情况、共和党的投票情况、独立议员的投票情况等。

美国国会的表决方式随着时间发生着变化。20 世纪 70 年代以后,美国国会的记录表决次数大幅度增加,而传统意义上的声音表决、分组表决减少了。这种变化的原因在于,记名表决可以建立个人声望,在具有争议的提案上能够

[①]　资料源于美国国会官网,https://www.congress.gov/help/legislative-glossary,最后访问日期:2020 年 2 月 15 日。

701 号点名表决的最终表决结果
（共和党人用斜体；无党派人士用下划线；其他为民主党人）

众议院 5430 号　同意和反对票　2019 年 12 月 9 日　下午 4:21
议题：通过
法案标题：美国—墨西哥—加拿大协定执行法案

	同意(票)	反对(票)	出席	弃权(票)
民主党	193	38	—	2
共和党	192	2	—	3
无党派	—	1	—	—
共　计	385	41	—	5

同意 385 票

亚伯拉罕	戈麦斯	奥尔森
亚当斯	冈萨雷斯(OH)	帕拉佐
阿德霍尔特	冈萨雷斯(TX)	帕尔默
阿基拉	戈登	帕内塔
艾伦	戈萨尔	帕帕斯
……	……	……

反对 41 票

阿玛什	贾亚帕尔	奥马尔
巴拉甘	卡普图尔	帕洛内
布朗(MD)	肯尼迪	帕斯克利尔
卡尔德纳斯	李(CA)	平格里
……	……	……

弃权 5 票

亨特	纳德勒	希姆库斯
梅多斯	塞拉诺	

图 3-3　美国众议院在官网公开的一次点名表决结果[①]

明确表达自己的立场，同时适应民意以及压力集团的需求。20 世纪 80 年代以来，记录投票和点名表决的次数锐减，原因是这两种投票方式被滥用，大大影响了国会的效率。[②]

---

① "FINAL VOTE RESULTS FOR ROLL CALL 701", http://clerk.house.gov/evs/2019/roll701. xml,最后访问日期：2020 年 2 月 21 日。

② 孙哲：《左右未来：美国国会的制度创新和决策行为》(修订版),上海人民出版社 2012 年版,第 103 页。

（二）美国参议院投票表决方式①

由于美国参众两院都有制定自己规则的宪法权力，所以，两院制定了一些不同的投票表决方法，这可能源于它们的宪法分歧和功能定位。由于参议院的规则和程序支持审慎审议而不是快速行动，因此，它们为个别参议员提供了重要的程序杠杆。

1. 声音表决

除非事先安排了点名投票，否则任何问题都要先进行口头表决。主持会议的官员首先请那些赞成的人回答"是"，然后是持反对意见的人回答"不是"，最后主持者根据双方声音的大小宣布该议项通过或不通过。虽然口头表决不记录每位参议员的投票表决情况，但是程序简单、迅速，是参议院做出决定的一种方式。如果有任何议员提出表决要求，可能就要启动下面的正式表决方式。

2. 分组表决

声音表决后，任何参议员都可以要求进行分组表决或者点名表决。在分组表决的情况下，首先那些持赞成意见的参议员起立，由工作人员统计总人数，然后是持反对意见的参议员起立，由工作人员统计总人数，最后，主持会议的官员宣布某一方获胜，但并不宣布支持方和反对方的总票数。声音表决和分组表决的要求比较简单，一般没有最低投票人数的要求，无论有没有参议员参与投票都被认为是有效的，除非有人以不满《宪法》规定的最低出席人数为由对投票提出异议。有时，参议员们会举手而不是起立，而主席则不会宣布双方的投票人数。

3. 点名表决

与众议院不同，参议院没有电子投票系统，记录表决是通过点名进行的。尽管参议员可能会在声音表决或分组表决之后（在最终结果公布之前）要求对某个问题进行点名表决，点名表决通常是提前安排的。在一项法案、动议、决策处于悬而未决的状态时，有发言权的参议员可以要求点名表决。美国《宪法》要求两院要有简单多数的成员出席才能开会议事，具体的人数要求是：众议院至少218人；参议院至少51人。《宪法》规定了参议院点名表决需要至少

① 参见美国国会官网，https://rules.house.gov/rules-and-resources/rules-house-representatives，最后访问日期：2020年2月22日。

总人数的 1/5 以上的人出席,因此,点名表决至少要获得 11 名参议员的支持。参议员有 15 分钟的时间去参加点名表决。[①]

在点名表决时,书记官按字母顺序点所有参议员的名字,参议员回答"是"或"不",再由书记官重复每位议员的投票结果。[②] 参议员可以随时核对多数派和少数派的投票记录。参议员可以要求在投票前的任何时候进行点名表决,他们不需要等待进行声音表决或分组表决。一般来说,口头表决适合"无异议"的事项,有争议的事项通常采用点名表决。

点名表决在参议院包括赞成和反对票表决、点名投票;在众议院,点名表决包括赞成和反对票表决和记录投票(见图 3-4)。

第 116 届大会第二次会议点名表决

投票摘要

议题:提名(确认:哥伦比亚特区的特拉维斯·格里夫斯将担任美国税务法院的法官)

投票数:62	**投票日期**:2020 年 2 月 27 日下午 1:47
通过所需多数:1/2	**投票结果**:提名确认
提案编号:PN365	

提案说明:哥伦比亚特区的特拉维斯·格里夫斯将担任美国税务法院法官,任期 15 年

投票数:赞成票:85
　　　　　反对票:3
　　　　　没有投票:12

投票摘要:根据参议员姓名	根据投票立场	根据原籍州

按参议员姓名的字母顺序排列

亚历山大(共和党-田纳西州),没有投票	吉莉安(民主党-纽约州),反对	波特曼(共和党-俄亥俄州),同意
鲍尔温(民主党-威斯康星州),同意	格雷厄姆(共和党-南卡罗来纳州),同意	瑞德(民主党-罗得岛州),同意
巴拉索(共和党-怀俄明州),同意	格拉斯利(共和党-艾奥瓦州),同意	里施(共和党-爱达荷州),同意
班尼特(民主党-科罗拉多州),同意	哈里斯(民主党-加利福尼亚州),反对	罗伯茨(共和党-堪萨斯州),同意
……	……	……

[①] 参见美国参议院官网,https://www.senate.gov/legislative/rules_procedure.htm,最后访问日期:2020 年 2 月 21 日。

[②] 参见美国国会官网,https://www.congress.gov/help/legislative-glossary,最后访问日期:2020 年 2 月 21 日。

按照投票情况排序		
赞成-85		
鲍尔温(民主党-威斯康星州)	格雷厄姆(共和党-南卡罗来纳州)	里施(共和党-爱达荷州)
巴拉索(共和党-怀俄明州)	格拉斯利(共和党-艾奥瓦州)	罗伯茨(共和党-堪萨斯州)
班尼特(民主党-科罗拉多州)	哈山(民主党-新罕布什尔州)	罗姆尼(共和党-犹他州)
布莱克本(共和党-田纳西州)	霍利(共和党-密苏里州)	罗斯(民主党-内华达州)
……	……	……
反对-3		
布克(民主党-新泽西州)	哈里斯(民主党-加利福尼亚州)	
吉利布兰德(民主党-纽约州)		
没有投票-12		
亚历山大(共和党-田纳西州)	海因里希(民主党-新墨西哥州)	濮德培(共和党-佐治亚州)
卡丹(民主党-马里兰州)	克罗布歇(民主党-明尼苏达州)	桑德斯(无党派-佛蒙特州)
……	……	……
按选区分组		
阿拉巴马州:	琼斯(民主党-阿拉巴马州),同意	谢尔比(共和党-阿拉巴马州),同意
阿拉斯加州:	穆尔科斯基(共和党-阿拉斯加州),同意	沙利文(共和党-阿拉斯加州),同意
亚利桑那州:	麦克萨利(共和党-亚利桑那州),同意	西纳梅(民主党-亚利桑那州)
阿肯色州:	布瑟曼(共和党-阿肯色州)	科顿(共和党-阿肯色州)
……	……	……

图3-4 美国参议院官网公布的一例点名表决结果[①]

　　除了立法权,众议院还有提出弹劾总统决议的权力,参议院有缔结条约权、提名任命权、审议弹劾总统的决议权等。针对不同的议决事项,宪法要求参议院以2/3的票数批准条约;参议院审议总统弹劾案需要2/3的票数通过才能认定弹劾成立。这意味着议决事项非常重大,需要克服党派分歧才能达

----

① "美国参议院的一例点名表决结果",https://www.senate.gov/legislative/LIS/roll_call_lists/roll_call_vote_cfm.cfm?congress=116&session=2&vote=00062♯position,最后访问日期:2020年2月21日。

成,并且也增加了获得批准的难度,但都没有从不公开和公开投票方面进行区分。早期的国会有在不公开会议上辩论条约和提名的传统,直到 1929 年,行政会议才向新闻界和公众开放。今天,参议院只有在罕见的情况下才举行非公开会议,通常是为了处理机密信息。大部分的会议都公开举行,投票表决的记录也向民众公开,即使是弹劾总统的议案。

以参众两院启动对美国总统特朗普的弹劾案为例,弹劾总统的程序非常复杂,要先由众议院决定启动调查程序,制定弹劾调查的程序规则,并经众议院大会表决通过。经过大量的调查、听证后,将弹劾案提交众议院司法委员会,司法委员会同意后起草弹劾条款,然后,交众议院投票。之后移交参议院,经全院 2/3 以上同意才认定弹劾成功。对特朗普的弹劾启动于 2019 年 9 月 24 日,当天,美国国会众议长佩洛西宣布对特朗普正式启动弹劾调查;10 月 31 日,众议院举行全体投票,通过了针对特朗普的弹劾调查的具体程序规则;12 月 18 日,众议院就司法委员会制定的弹劾条款举行全体投票,经过简单多数通过后案件移交参议院。盘问证人和辩论结束后,联邦最高法院首席法官按姓氏字母顺序——点名询问每个参议员,后者只能回答"有罪"或者"无罪",如果有 2/3 以上的参议员就任何一项指控回答"有罪",总统即被弹劾,由副总统接任总统。2020 年 2 月 5 日,参议院投票认定弹劾不成立(见图 3 - 5)。

在整个弹劾调查程序的过程中,参众两院都采用了公开、记名的表决方式,每位议员投票的态度,包括赞成、反对、未出席、未投票都记录在案,并载入国会记录供民众查询。议员们也毫不回避自己的态度,甚至还有一位参议员罗姆尼公然"背叛"自己的政党,罗姆尼在上述投票中投出认为总统"有罪"的票,成为美国历史上首个在弹劾总统审判投票中,投出认定本党总统"有罪"票的议员。[①]

三、法国国会的投票表决方式

(一) 以公开表决为主

法国国民议会、法国参议院主要采取下列四种表决方式。

---

① "投票弹劾同党总统,美参议员罗姆尼称听从自己良心", https://baijiahao.baidu.com/s? id= 1657764770364774984&wfr=spider&for=pc,最后访问日期:2020 年 3 月 1 日。

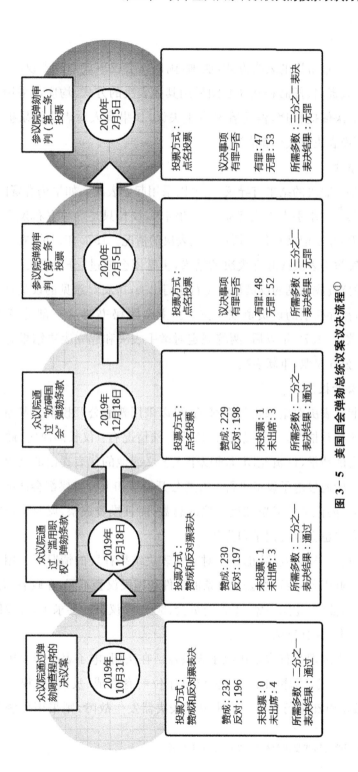

图3－5 美国国会弹劾总统案议决流程①

众议院通过弹劾调查程序的决议案

2019年10月31日

投票方式：赞成和反对票表决

赞成：232
反对：196

未投票：0
未出席：4

所需多数：二分之一
表决结果：通过

众议院通过"滥用职权"弹劾条款

2019年12月18日

投票方式：赞成和反对票表决

赞成：230
反对：197

未投票：1
未出席：3

所需多数：二分之一
表决结果：通过

众议院通过"妨碍国会"弹劾条款

2019年12月18日

投票方式：点名投票

赞成：229
反对：198

未投票：1
未出席：3

所需多数：二分之一
表决结果：通过

参议院弹劾审判（第一条）投票

2020年2月5日

投票方式：点名投票

议决事项：有罪与否

有罪：48
无罪：52

所需多数：三分之二
表决结果：无罪

参议院弹劾审判（第二条）投票

2020年2月5日

投票方式：点名投票

议决事项：有罪与否

有罪：47
无罪：53

所需多数：三分之二
表决结果：无罪

① "美国国会唱名表决记录"，https://www.congress.gov/，最后访问日期：2020年2月27日。

1. 举手表决

举手表决是最常用的表决方式，法国《国民议会议事规则》《参议院规则》规定，除了个人提名、任命和其他必须采用其他表决的方式，均应该采用举手表决。举手表决便捷快速，但是容易发生失误，如果有人对表决结果提出异议，则需要更换表决方式重新表决。

2. 起立表决

如果对举手表决的结果有异议，则可以采用起立表决。如果仍有疑问，应举行公开投票。对举手表决或起立表决的结果，议长只是简单宣布议会通过或否决的结果，并不记录和公开议员个人表决的情况。1972年以前，在参议院如果有人质疑举手表决或起立表决的结果，主席团会通过"分别表决"的方式加以认定，即持赞成意见的议员从会场右侧门出去，持反对意见的议员从会场左侧门出去，投弃权票的议员留在座位上。主席团秘书对这三部分议员分别统计总人数。[①] 1972年以后，两院规定对举手表决和起立表决结果有异议的，可以进行公开投票，重新表决。

3. 普通公开投票

如果经起立表决对结果仍然存疑的，可以采用普通公开投票。普通公开投票还适用于特殊情况，在国民议会，这些特殊情况有：议长的决定、政府或者受理委员会的请求、议员党团领袖以个人名义或他的代表提出的请求。普通公开投票一般通过电子设备进行。普通公开投票和上台投票都会详细记录表决情况，不仅要记录赞成票和反对票的总数，而且投赞成票、反对票、弃权、缺席的个人名单也会分类记录和公开。

与国民议会一样，参议院也是在对起立表决结果存疑的情况下适用普通公开投票。除此以外，要适用公开投票的条件和国民议会不同，在政府、总统、议长或者一位（数位）党团主席、主管委员会、30位参议员的要求下，参议院可以采用普通公开表决（见图3-6）。

1958年，法国国会首次采用电子表决器。在法国，电子表决器表决是公开记名的投票方式，程序如下：每位议员座位前有赞成、反对、弃权三个按钮，议员们按动电钮进行投票。如果电子表决器发生故障，则采用传统的公

---

① 许振洲：《法国议会》，华夏出版社2002年版，第149页。

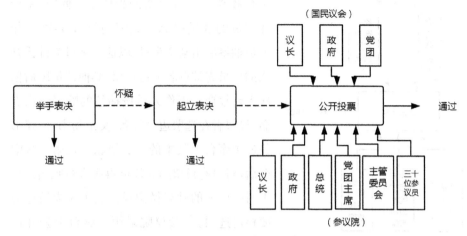

图 3-6　法国议会投票流程

开投票方式,每位议员都有 3 张印有自己姓名的选票,白色意味着赞成,蓝色意味着反对,红色意味着弃权。在参议院,议长宣布投票开始,投赞成票的议员将白色选票交给议会大厅右侧走廊入口处的秘书,投反对票的议员将蓝色选票交给大厅左侧走廊入口处的秘书,投弃权票的参议员将红色票交给大厅中央的秘书。秘书将收到的选票投入旁边的票箱中。国民议会在电子设备失灵的情况下也要进行公开投票,程序和参议院类似。不同的是,在国民议会公开投票时不用走到大厅入口处去投票,只需把记名选票投入工作人员送到面前的票箱里即可。选票也有颜色区分:白色代表赞成;蓝色代表反对;红色代表弃权。赞成、反对、弃权或不参加表决的名单都被记录并公开。[1]

4. 上台公开投票

上台公开投票是最正式的投票方式,议员需要走到主席台上进行投票。国民议会在下列情况下采用上台公开投票:一是按照宪法规定要求绝对多数通过的议案表决;二是当政府就其施政纲领或总体政策声明"抵押"自己的政治责任。绝对多数是指要求全体成员过半数以上的得票才能通过,而不是出席会议的半数以上。法国《宪法》规定需要绝对多数通过的事项有:宪法修正案、弹劾总统、政府不信任案等。以上需要绝对多数投票通过的情况需要进行

---

① 许振洲:《法国议会》,华夏出版社 2002 年版,第 133 页。

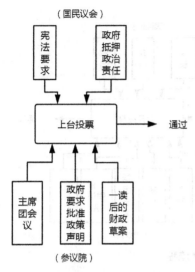

（国民议会）

宪法要求

政府抵押政治责任

上台投票 → 通过

主席团会议

政府要求批准政策声明

一读后的财政草案

（参议院）

图3-7 法国议会上台投票条件

上台投票。上台投票的程序是：首先，将全体议员的姓氏以 A—Z 为序排列；其次，工作人员抽签取出某个字母，以这个字母为姓氏开头的议员先被点名上台投票，其他议员随后依次上台投票。工作人员按抽签的顺序依次点名，投票者在选票边上签名，交给秘书，由秘书投进主席台上其中的一个票箱。在第一次唱名后，对没有投票的参议员再次进行唱名。秘书对投票人的姓名做记录。表决完成后还需要核对选票。[①] 参议院采用主席台上公开投票的条件是：主席团会议决定、财政法案一读后进行整体表决，或者政府批准政策声明时（见图3-7）。

法国议会两院议事以公开表决为主，但有关人事选任的投票表决一般采用无记名投票，例如两院议长的选举均采用三轮无记名投票制。两院委员会的主席、副主席也要以无记名表决方式产生。国民议会对特别高等法院法官和候补法官的选举以复名无记名投票的方式进行。另外一种例外是不公开会议。法国《宪法》第33条规定，在总理或 1/10 议员的要求下，两院都可以举行不公开的全体会议，但在整个第五共和国的历史中，从来没有实现过，只有在1986年12月19日尝试过一次，但也因为没有足够的议员参与而失败。[②]

（二）表决方式的选择

以上四种表决方式都是公开的表决方式，其中最常用的是举手表决，在法律没有对表决方式作出特别规定且现场也没有人对表决方式提出异议时，均可采用这种便捷的表决方式。其优点是效率高，适用于争议性不大的事项。起立表决和举手表决有类似的特点，都不对每个人的表决情况进行详细记录。这两种表决方式不具备秘密的特征，毕竟举手和起立的动作是当众做出的，虽然议会不会记录，但议员的行为是暴露在所属党团面前的，议员并不能完全无所顾忌地表达自己的真实意图。普通公开投票和上台投票都是典型的公开表

---

① 《英法美德意日六国议会议事规则》，尹中卿等译，中国民主法制出版社2005年版，第126—202页。
② 许振洲：《法国议会》，华夏出版社2002年版，第126页。

决方式,投票情况要记录并按照所属党团进行分类公布,选民可以通过网络查询往届议会的表决情况。上台表决的时间不超过 1 小时,对政府不信任案表决不超过 45 分钟。

选用表决方式除了和议决事项的争议性大小有关,议决事项的性质也是重要的考量因素。一些重大的事项需要慎重对待,并且每位议员对此的态度也需要向选民公开。一些特别重大事项,例如《宪法(修正案)》的通过、弹劾总统等则需要通过正式的表示方式,即上台投票。

另外,手续烦琐的投票方式还会增加议案通过的难度,这也是立法者制定议事规则的考量因素。例如,法国议会通过对政府的不信任案的表决程序就非常烦琐,通过的难度比较高。法国《宪法》第 49 条规定了对政府不信任案的表决程序:首先,由国民议会议员 1/10 以上的人数签署,该动议才会被国民议会受理。其次,不信任案提出后至少经过 48 小时才能进行表决,这就为议员提供了充分的冷静期,增加了不信任案通过的难度。另外,表决时要求绝对多数通过,也就是国民议会总人数的 1/2 以上通过,而不是出席人数的 1/2 以上。最后,要采取正式的表决方式——上台公开投票,并且只计算上台投赞成票的票数,投反对票、弃权票,甚至缺席的议员都被自动视为反对不信任案。这样的表决程序使不信任案的通过更加严肃。从 1958 年至今,两院共提出了42 次对政府的不信任案,只有一例成功。[1]

法国两院的公开表决有悠久的历史,在法国第三共和国时期就采用了议会公开投票的制度,国民议会最早于 1885 年采用公开投票,参议院从 1887 年开始采用公开投票,这与它长期以来奉行的议会公开制度有关。1958 年法国《宪法》规定:"议会两院的会议公开举行。全部议事记录在《政府公报》上发表",这就奠定了法国议会公开性的基础和权限来源。议会议事向公众公开,公众可以进入议会旁听席旁听,也可以通过阅读《政府公报》了解议会辩论和议事的情况。[2] 会议记录分为简要记录和全文记录。简要记录在会议开完两个小时内就可以印发。会议的报告全文在会议举行的 24—36 小时内上线,记录所有发言情况。

现在有了多媒体新技术的支持,法国的议会公开更加方便,途径也更多了。例如,媒体记者可以深度参与参议院的会议。记者通过参议院(新闻室)

---

① 许振洲:《法国议会》,华夏出版社 2002 年版,第 222—223 页。
② 许振洲:《法国议会》,华夏出版社 2002 年版,第 149 页。

提供的材料和通信设施,可以参加公开会议,记录讨论情况。议会提供了多种路径来保存和公开会议的资料,很多会议提供直播,有的视听资料被完整保存下来,公众可以通过议会网站观看直播和回放,并可以要求向所有媒体开放,即通过"公共参议院"的议会频道免费提供。记录在会议完成两个小时后,收到完整的会议记录之前,向参议院网站发布讨论情况分析。

四、日本国会的投票表决方式

日本《宪法》《众议院规则》《参议院规则》《国会法》共同构成了日本国会投票表决的法律依据。参众两院在选择投票方式时采用了类似的标准,针对不同议决事项选用不同的投票表决方式。

（一）审议议案的表决方式为公开为主

根据日本《众议院规则》第157条、《参议院规则》第143条的规定,首先,议长会询问与会议员对表决问题有无异议,当无异议时,议长可直接宣布通过。如果有20名以上的出席议员提出异议,则必须采取起立的办法进行表决。起立表决时,议长请赞成者起立,根据起立人数决定表决结果。如果难以认定具体人数,或者有出席议员的1/5以上人数提出异议时,议长将宣布进行记名投票。记名投票时,持赞成意见的议员把记载有自己姓名的白色票投入票箱;持反对意见的议员则把记载自己名字的青色票投入票箱。记名投票时,关闭会场进口。投票结束,由议长宣布投票结果。公开记名投票还用于表决国家总预算和其他重要法案。

日本国会表决议案采用表决方法的流程如图3-8所示,其记名投票的姓名牌如图3-9所示。

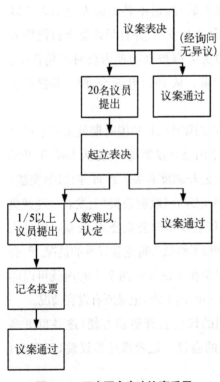

图3-8 日本国会表决议案采用表决方法的流程

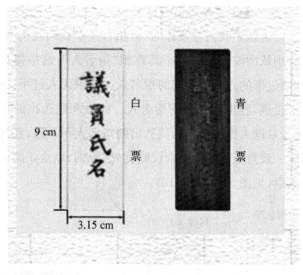

图 3 - 9 日本议会记名投票的姓名牌

（二）重要的选举采用无记名投票方式

选举参众两院的议长、副议长等重要职位时，采用无记名投票（见图 3 - 10）。议员先将参选的人名填写在选票上，然后按照点名顺序，手持选票和姓名牌进行投票。一名参事接过姓名牌，另一名参事接受选票，分别投入姓名牌箱和选票箱。投票结束后，事务总长宣布封闭投票箱。接下来，立刻计算姓名牌和选票，以查点选票，核实名牌和选票的数量是否一致，如果选票数超过名牌数，则需要重新投票。经过查点选票，事务总长宣布选举结果，过半数者当选。

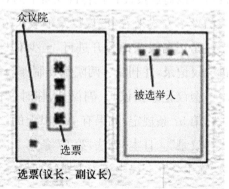

图 3 - 10 众议院选举议长、副议长的无记名选票

（三）选举内阁总理大臣采用记名投票

内阁总理大臣也就是我们习惯称的"首相"，经参众两院选举产生。首先，要有参众两院分别从两院议员中选举其首相"指名人"，选举提名人采用记名投票的方式，选票过半的人成为该院的指名人。如果无人过半，则对得票最多的两人进行再次投票，胜出者为该院指名人。如果两院选出的指名人为同一人，此人即当选为总理大臣。如果两院选出的指名人不一致，经过召开两院协商会也没有达成一致意见，则遵从"众议院优先"原则，以众议院选举出的指名人为内阁总理大臣（见图 3-11、3-12）。

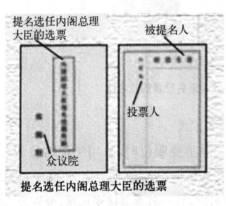

提名选任内阁总理大臣的选票

投票箱

图 3-11　众议院提名选任内阁总理
大臣的记名投票

图 3-12　选举内阁总理大
臣的投票箱

参议院全体会议的表决方式除了以上和众议院一样的以外，还可以采用按钮投票方式。参议员可以通过按设置在各自议席上的表决器进行投票。[1]

从日本参众两院的投票方式来看，审议议案的表决方式基本上都是公开的。不管是起立投票还是记名投票都公开进行，至少对与会人员公开。记名投票的情况还要写进会议记录，并刊载。两院都要制作会议记录，记载包括投票者姓名等会议情况。会议记录由议长、副议长、临时议长或事务总长签名，议院保管。日本《宪法》第 57 条规定，如果有 1/5 以上的议员提出要求时，"各议员的表决必须载入会议录"。日本《宪法》第 57 条第 2 款规定："两议院分别保管各自的会议记录，除不公开会议中认为需要特别保密者外，均公开发表并

---

[1]　参见日本众议院网站，http://www.shugiin.go.jp/internet/index.nsf/html/index_e.htm，https://www.sangiin.go.jp/eng/，最后访问日期：2020 年 3 月 2 日。

公布于众。"日本《众议院规则》《参议院规则》均规定,议会会议记录要公开刊载,并分发给议员。对于两院委员会的会议录,《众议院规则》《参议院规则》只规定了将会议录发给议员,没有公布于众的要求。①

第二节　代议机关适用投票表决方式的考量

通过前文分析,议会制度经历了从建立到发展完善的过程,其投票表决的方式也发生着变化。多数国家经历了从无记名投票到公开表决的过程,有的较早建立了公开表决的制度,有的直到 20 世纪末期才从无记名投票转变到公开投票,例如意大利就是在 1988 年才采用公开表决的方式。关于公开投票还是不公开投票的争论一直没有停息过,当代资本主义代议制国家普遍选择了公开投票的议事表决模式。这一模式并不完美,但是相对来说,议会公开投票制度更契合代议制度的内在理念,更能实现代议制的价值追求。

一、公开投票表决基本符合代议制的要求

（一）以公开投票表决为原则

代议制度发展成熟的国家多数以公开表决为原则,这与代议制普遍确立的议事公开制度相关。公开投票指投票者的立场、态度明显可以被外界知晓的表决方式,又可以分为无记名公开表决和记名公开表决。根据吴大英等对各国议会表决方式的统计,大部分国家的议会采用公开表决。统计结果如表 3-1 所示。②

表 3-1　各国议会表决方式统计

表 决 方 式	国家数（个）
呼　　喊	37
举　　手	43

---

① 董璠舆:《日本国会》,中国民主法制出版社 1990 年版,第 65 页。
② 吴大英、任允正、李林:《比较立法制度》,群众出版社 1992 年版,第 571 页。

续　表

表　决　方　式	国家数(个)
起　　立	39
分组列队	20
点　　名	46
投　　票	40
掷球或作记号	5

其中,呼喊、举手、分组、点名、鼓掌欢呼都是公开表决的方式,在西方国家表决器表决一般也是公开表决。投票一般也分为记名投票和不记名投票。掷球和做记号是一种古老的投票方式,中国共产党在抗日根据地时期曾广泛采用类似的投票方式,例如"豆选",这种方式一般是不记名的。

公开进行投票表决是在议事公开制度的发展成熟中建立起来的。在代议民主的发展过程中,秘密会议在18世纪曾遭到严厉批判,议事公开成了多数国家规定的议会的基本议事规则之一。基佐认为,公开性是代议制政府的基石,它在社会和政府中间建立了纽带。他认为,没有公开就没有真正的选举,"公开性缺乏的地方,可能会有选举、议会、磋商,但人民对此并不信任而且有理由不信任……在很大程度上,唯有公开才能修正一个蹩脚的政治机器所造成的恶果。"[①]

(二)公开投票更符合代议制责任政治的特点

投票表决如果只是权利,则不需要别人知道;如果是一种责任,则有考虑选民的意愿和利益的义务。基于议员要对选民负责的精神,代议政治是责任政治,实行代议制国家都规定了议员向选民负责的原则。选民根据议员们的表现来决定是否在下次选举中投票给他,而连任也是在任议员的重要追求。议员代表人民议决国事,不代表其个人,因此他的任何意见及立场都必须让民众了解,以落实其代议的身份与职责。无记名投票可以使议员

[①]　［法］弗朗索瓦·基佐:《欧洲代议制政府的历史起源》,张清津、袁淑娟译,复旦大学出版社2008年版,第59—60页。

逃避问题,在投票时做出与自己的公开表态相反的选择,或者按利益集团的要求进行投票,而选民没有办法追究,并让其为此承担政治责任,包括舆论谴责及不支持其连任等。掩盖议员政治责任的方法就是保密,不做记录的投票可以阻断可追溯性链条。所以,除了对人事的任命和选举使用无记名投票以外,对重大问题的表决,国会多以记名投票表决居多,这样做的理念是落实责任政治的基本原则。[①]

（三）公开投票也是选民对议员的"选票奖励（制裁）"的前提

议员是由选区选民选举的,本身就代表了本选区和选民的利益。在连任选举的压力下,议员会支持选区占主导地位的政治利益团体,采取和多数选民同样的选择。投票是议员政治生涯中的重要事项,对其竞选连任起到关键性作用。议员积极参与投票,希望形成一个能为自己选举加分的勤政记录,同时,投票的内容也很重要,他们"希望形成一个优秀的记录来向家乡的选民展示自己兑现了承诺"。[②] 只有投票记录公开才能实现选民对议员的"选票奖励（制裁）"。

这种选票奖励（制裁）对议员的投票形成一种压力,有时候这种压力并不利于理性共识的达成。议员有时面临投票困境:要么舍弃自身的信念和判断按照选民的意愿投票;要么坚持自己的理念直面选民不满的后果,有时还要面对党内"团结投票"的压力。为了平衡选民意愿和政党要求,有时议员采取"战略等待",然后"虚情假意"地投票。例如,美国曾就禁止焚烧国旗的《宪法（修正案）》进行辩论和表决,民主党领袖反对这一修正案,而选民则支持该修正案。在投票的民主党议员中,只有 28% 的议员支持了该修正案,因为议员们不愿违背本党领袖的意愿,宁愿"战略等待"。后来当该修正案确定将被否决时,尚未投票的民主党议员有 73% 投票支持了该修正案。[③] 此时投赞成票可以在不受立法结果影响下坚持受选民欢迎的立场,平衡了政党利益和选民意愿,这也是在公开投票时才可能出现的困境。

---

① 孙哲:《左右未来:美国国会的制度创新和决策行为》(修订版),上海人民出版社 2012 年版,第103 页。
② 〔美〕罗杰·H.戴维森、沃尔特·J.奥勒斯泽克、弗朗西斯·E.李、埃里克·希克勒:《美国国会代议政治与议员行为》,刁大明译,社会科学文献出版社 2016 年版,第 310 页。
③ 〔美〕罗杰·H.戴维森、沃尔特·J.奥勒斯泽克、弗朗西斯·E.李、埃里克·希克勒:《美国国会代议政治与议员行为》,刁大明译,社会科学文献出版社 2016 年版,第 312 页。

（四）公开投票符合政治参与的目的和追求

在西方代议制国家，议员的投票情况是其履行议员职务的重要表现，也是议员向选民展示其能力和价值，从而赢得政治资本甚至谋求连任的重要途径，只有公开投票才能体现其政治参与的价值。

有学者认为，历史上公民投票方式由公开投票发展到无记名投票也是基于这一原理。早在古希腊时期，公民投票也是公开进行的，只是到了近代才兴起了公民无记名投票的浪潮。李智认为这个变化和公民观从共和主义到自由主义的变化有关，他认为在共和主义理念下，投票被认为是参与政治生活的一种活动，有展示自我、体现价值的作用，公民在政治领域内的行为以公共利益而非以一己之私为目的。在自由主义理念下，政治活动有了不同于共和主义的理解，被赋予了工具性价值，可以为了私人利益而从事公共事务。因此，当人们把公民投票作为展现自我的政治活动时，希望以公开的方式进行。近代以来，公民的选举投票行为被认为是以保证私利为主，当然应该以无记名的形式进行。[①]

（五）被夸大的功能——公开投票杜绝贿选的作用有限

虽然公开投票能促使投票人抛弃感性的、自私的情感，更理性、负责地投票，但在公开投票情况下，行贿方能准确识别受贿人是否按照其指示进行投票，使得行贿的效率提高，增加了行贿者的动力。因此，公开投票在杜绝贿选方面的作用不应该被夸大。

例如，美国当年的安然、安达信倒闭案就涉及政治捐款丑闻。2002年，安然公司被发现有财务造假丑闻。事后经调查发现，这一不法行为的根源在于一项不合理的制度，即会计师事务所逐渐发展出咨询服务的新业务。这样一来，一家会计师事务所可以既对某公司进行审计，又为该公司提供咨询服务，这就好像在一场足球赛中，让主裁判兼任参赛一方的主教练，他怎么可能把两项工作都做好？美国证监会曾向国会提出禁止会计师事务所进行审计兼咨询业务的立法建议，但是一些有影响力的参议员坚决反对立法。财务丑闻爆发后，媒体调查为什么那么多的议员积极阻止财会制度改革，结果发现，当年代表会计行业利益的行业组织和公关公司积极活动，给许多重

---

① 李智：《秘密投票——以私密的方式行使民主权利》，《南京社会科学》2009年第5期。

要议员每人送了几十万美元的政治捐款。① 美国参众两院都以公开投票甚至记名投票为主,仍然不能杜绝贿赂的发生。更让人感到无奈的是,在政府加强对利益集团政治献金进行法律管控后,上市公司的高级经理拿着股民的钱去公开捐献给政治家,政治家则拿权力进行回报。这不是少数人破坏规则秘密进行的,而是一种法律许可的、公开化的行为。投票公开在遏制贿选方面的作用有限。

（六）公开投票的弊端——投票报复

公开投票最大的弊端是可能给投票人带来不利后果,这个后果可能是报复、惩罚、丧失选票或者其他情况。为了避免这些不利后果,可能会造成投票失真,在公开投票和无记名投票的不同情形下,投票结果不同。

2018 年 2 月 14 日,美国佛罗里达州校园发生枪击案,造成 17 人死亡、14 人受伤。枪手为一名曾经在该校就读的男子,当年 19 岁,使用的武器是 AR - 15 自动步枪。事后,民众的"限枪"呼声很高,其中 AR - 15 步枪作为美国民间武器销量冠军及枪杀案犯罪分子最常使用的凶器备受关注。

在这种背景下,一项为期两年的 AR - 15 型步枪销售、交付和转让禁令被提交到佛罗里达州参议院讨论。当参议院进行呼声表决时,法案顺利通过了。但是,由于程序上的原因,又再次采用记名投票的方式重新投票,结果法案没有通过。② 呼声表决不记录议员个人的投票情况,议员可以更自由地表达自己的意愿,不用在意选民的态度以及所在党团的意见,甚至不用考虑其背后的利益集团的指令。由于程序原因再次投票时,投票方式变为记名投票,使议员们在投票时有了顾虑,导致投票结果发生了变化。

在代议制民主下,虽然公开表决是议会投票的主要形式,但密尔还是认为秘密表决有存在的理由。他说:"谋求不受到本可避免的邪恶的侵犯,并不是胆小。也没有理由认为,秘密投票在任何场合都不比公开投票可取。"③

---

① 赵心树:《选举的困境——民选制度及宪政改革批判》,四川人民出版社 2003 年版,第 122—124 页。

② James D'angelo. "The Dark side of the Sun: How Transparency helps lobbyists and hurts the public", https://www.foreignaffairs.com/articles/united-states/2019-04-16/dark-side-sunlight,最后访问日期:2020 年 12 月 1 日。

③ ［英］J.S.密尔:《代议制政府》,汪暄译,商务印书馆 1982 年版,第 151 页。

二、缺乏公开投票条件时无记名投票更合适

公开投票需要条件支持，如果缺乏必要的条件，公开投票的弊端比无记名投票更大。例如议员免责制就是公开投票所需要的条件，这是公开投票得以运行的基础。如果没有议员投票表决免责的社会共识，缺乏投票表决免责权的法律保护，出于自我保护的本能，议员在投票表决时可能会隐瞒自己的真实意愿，导致投票不会反映真正的"民意"。密尔曾经表达过对公开投票的担忧，他认为如果不具备公开的社会条件，实际上可能演变成对某个强有力的个人负责。① 相较于无记名投票下对投票人私权利的维护，公开投票变成对某个强有力的个人负责，这样的公开表决反而不利于社会的普遍利益。

（一）无记名投票能减少贿选

美国的公民选举制度从公开投票发展到无记名投票也考虑了这一因素。美国在实行民主选举制度之初，由于认识有限，也缺乏相应的制度约束，出现了"合法卖票"的现象。后来，为了防止"贿选"的发生，法律规定，选民要亲自到投票站投票，应单独进入事先布置好的不透光的小格子间里匿名投票。这样每个人的投票情况都无法被别人知晓，买票者也无从知晓卖票者是否按照买方要求投票，这样，花钱买票的人就逐渐少了。②

但是，无记名投票减少贿选的作用有限，并不能杜绝贿选的发生。无记名投票有过度体现个体利益的倾向，从这个角度出发，无记名投票也有促成买票的便利。因为买票是突破法律和道德的行为，买方和卖方都会觉得无记名投票比较安全。被收买的投票人的投票行为已经违背了"对选民负责"的理念，纯粹为了满足个人利益的需要。

赵心树认为，无记名投票减少了直接买卖选票的发生，但是采用新形式的"财力困局"③又出现了，那就是利益集团把大笔资金注入候选人的选战团队，使该候选人在竞选中有更多的机会在选民面前曝光，从而获得竞选优势，赢得

---

① ［英］J.S.密尔：《代议制政府》，汪暄译，商务印书馆1982年版，第152—153页。
② 赵心树：《选举的困境——民选制度及宪政改革批判》，四川人民出版社2003年版，第121页。
③ 主要指在大选过程中，得不到财团支持的政治家由于缺乏资金，没有能力通过广告、公关和其他媒体将自己的政绩与主张传达到选民，也缺乏和选民沟通的渠道，因此当选的可能性很低。由于这样的选举结果缺乏民意基础，正当性不高，被称为"财力困局"。参见赵心树：《选举的困境——民选制度及宪政改革批判》，四川人民出版社2003年版，第119—121页。

选举。当然,利益集团的代表也会冠冕堂皇地宣称,他们捐钱不求回报,并不是为了谋求私利,但是事实却是大多数的捐款未必那么干净。[1]

（二）无记名投票更能体现投票人真实意愿

无记名投票能使投票人摆脱党团的投票压力,按照自己的真实意愿投票。2018年2月,南非总统祖马被迫辞职就与不信任案采用无记名投票有关。2017年,南非在野党提出了对总统祖马的不信任动议,并要求以不记名的方式进行。南非国民议会议长巴莱卡·姆贝特于8月7日宣布,她在对各政党立场、民众诉求和宪法规定等因素进行考虑后,做出了不记名投票这个"平衡和合理的决定"。祖马自2009年就任总统以来,已经历了7次不信任投票,此前他均安然度过,而反对派认为祖马能通过不信任案是因为投票是公开的。对此,美国国家公共电台记者分析称:"不记名投票意味着祖马领导的非国大党中的摇摆者可能打破桎梏进行选择。反对党需要动员50名非国大党议员与他们站在一边,才能达成驱赶祖马的目的"。[2] 投票结果是198票反对,177票支持,9票弃权,祖马得以保留其总统席位。

虽然这次针对总统的不信任投票被否决了,结果却不乐观,也就是在这次投票结果的压力下,祖马最终宣布辞职。作为首次采用无记名投票的不信任案,这次投票备受关注。投票结束后,非国大党发表声明称,这次投票结果表明了非国大党的议员是有原则性的,不管是公开投票还是无记名投票,他们都会从国家利益出发做出选择。但事实是,作为针对祖马政府的8次不信任投票中的唯一无记名投票,投票方式对投票结果的影响显而易见。南非议会有400名议员,249名为非国大党议员,此次投票中,非国大党的议员并非都按照党团意愿投了反对票,至少有40名非国大党议员支持了反对党。《华盛顿邮报》报道称,这是反对党最接近胜利的一次。[3]

虽然不信任案被再次否决,这次投票中党内议员的"反水"也让非国大党面临重大抉择,即如果非国大党继续袒护总统,不信任案也有可能再次被否

---

[1] 赵心树:《选举的困境——民选制度及宪政改革批判》,四川人民出版社2003年版,第122—124页。

[2] "南非针对祖马的不信任案投票将采取不记名方式",http://www.xinhuanet.com/world/2017-08/08/c_129675643.htm,最后访问日期:2020年10月2日。

[3] "祖马第八次挫败不信任案,将担任南非总统到2019年任满",https://pit.ifeng.com/a/20170810/51601649_0.shtml,最后访问日期:2020年9月20日。

决,但是非国大党的政治资本将受损;而如果非国大党任由反对派利用宪法程序推翻总统,则非国大党的党内团结和政治声望将受到前所未有的打击。后来非国大党选择放弃祖马,要求其放弃总统职位,否则将在南非议会上弹劾他。在这种情况下,祖马被迫宣布辞职。

这次的不信任案采用无记名方式投票,是反对党积极努力争取的结果。此前,祖马政府陷入信任危机,议会多次以公开投票的形式提起不信任案投票,均没有通过。一些祖马政府的反对者想依据 1996 年《南非宪法》对祖马进行弹劾,故在 2017 年提出进行无记名投票,理由是,当时的氛围使得执政党议员不敢公开投票反对政府,议员们既担心自己的人身安全受到威胁,也担心公开反对祖马的投票会让他们脱离非国大党的赞助。

一些反对党议员要求国民议会议长巴莱卡·姆贝特对计划中的不信任案进行无记名投票。议长则认为她没有得到宪法授权,无法决定采用无记名投票。反对党联合起来要求宪法法院裁定议长是否拥有这一职权。《南非宪法》对议长是否可以决定采用无记名投票方式对不信任案进行投票没有明确规定,只规定了两组考量机制:一是议会有权自主安排其内部的程序和规则,问责制、透明度、公开性是宪法的基本制度。二是考虑选民有权知道他们选出的代表在做什么,从而可以追究他们的责任,并确保立法工作的透明度和公众参与。宪法法院在其裁决中暗示,在某些情况下,第一组考虑因素超过第二组,无记名投票是合适的。最高法院的结论是,宪法允许无记名投票,并且应由议会通过议长决定是否进行无记名投票。① 最终议长宣布对不信任案进行无记名投票,反对党获得了胜利。

可以说,无记名投票是部分非国大党议员"反水"的重要原因,也是影响投票结果的直接原因。无记名表决的最大优势是能够保护投票的自由意志。无记名投票是否当然违反了民主原则,学说见解不一。部分学说认为,"投票公开只是民主的充分条件,并非必要条件"。当表决公开危害到议员投票的自主意愿时,公开原则应该退让。② 从理论上讲,既然表决是议员的责任和义务,则必须接受公众的监督,而且从民主政治的本质要求和历史发展的趋势来看,也

---

① Daryl Glase. The Case Against Granting a Secret Ballot to Elected Representatives: Democratic-Theoretical Reflections on a South African Controversy. *Politikon*,Vol.46, 2019, pp.157-174.

② 许宗力:《宪法违宪乎? 评释字第 499 号解释》,台湾《月且法学杂志》2000 年第 5 期。

应推行公开表决,但是在指令性义务和权势因素能够支配投票人时,应当选择秘密的无记名投票。

三、适用表决方式的具体考量

从以上分析可知,按照代议制的基本精神,本着让选民知晓、展现自我价值、为选民负责的理念,西方资本主义国家议会一般采取议事公开的原则,投票表决公开进行。在选用具体的投票表决方式上,还要根据议决事项和价值追求进行综合判断。

（一）提高议事效率

《罗伯特议事规则》总结了常用的三种表决方式:口头表决、起立表决、举手表决。这三种都属于公开表决方式。对没有特殊通过比率要求的议决事项,一般都采用口头表决:持赞成意见的议员（会员）喊"Aye",持反对意见的议员（会员）呼喊"No",主席通过对比二者声音的大小宣布表决的结果,通常是预设的表决方式。起立表决适用于已经采用了口头表决但结果不明朗,以及依法适用 2/3 表决的情况。如果起立表决的情况仍然不明朗,主席可以决定计数表决,安排计数员请赞成方起立直到计数完毕,再请反方起立直到计数完毕。举手表决可以代替口头表决成为会议的基本表决方式,如果口头表决结果也不明朗,可以举手表决,这主要适用于与会者都能看得见的小型会议或小委员会。[①]

书面表决（无记名投票）让表决人在表决卡上标记自己的表决意见,但是为了保护表决人,表决卡不记名。此方式最早由澳大利亚在公民选举中确定下来,通过不记名填写无差别的选票而实现表决过程。[②] 无记名的电子表决器表决也属于一种无记名投票,适用于成员众多的表决事项,是一种效率较高的表决方式。

点名表决实际上就是一种"记名投票",跟不记名投票相反,它可以把每个成员或者代表团的表决态度记录在案,是一种程序比较复杂的表决方式,要按

---

① ［美］亨利·罗伯特:《罗伯特议事规则》(第 10 版),袁天鹏、孙涤译,格致出版社、上海人民出版社 2008 年版,第 290 页。

② ［美］亨利·罗伯特:《罗伯特议事规则》(第 10 版),袁天鹏、孙涤译,格致出版社、上海人民出版社 2008 年版,第 291 页。

照以下程序进行。

一是选用点名表决。决定采用点名表决需要获得一定表决人数的赞成，例如，美国国会要求"出席成员的五分之一"提出才会进行点名表决。

二是点名按照字母顺序或笔画顺序进行，被点到名的成员回答"赞成""反对""弃权"，有时候还需要点两遍以确定无误。

三是主席宣布票数和表决结果。每位成员的表决以及最后的表决结果应当被完整地记录在会议纪要里。[①]

此外，还有签名的书面表决，在表决卡上签上自己的姓名，这样可以省去逐一点名的时间。表决的结果也会被完整地记入会议纪要。电子表决器的记名表决是把电子表决设备设计成具备记名投票的功能。这是两种效率较高的记名表决方式，可以用来代替"点名表决"这种表决方式。

采用程序最完整的点名表决可以体现代议制的民主性和程序的完整性，但现代议会的议案审议工作繁重，要兼顾工作效率。从效率的角度来说，公开表决中的口头表决、起立表决较为简单快速，适合于争议性不大的事项。表决方式也可以转换，先采取简单的表决方式，如果对表决结果怀疑或不确定，则可以选用其他较复杂的方式进行二次表决。

美国国会表决方式的历史变迁也能对此进行佐证。20 世纪 70 年代以后，美国国会的记名表决、点名表决次数大幅增加，而传统意义上的呼声表决、起立表决则渐渐较少采用。发生这种变化的根本原因在于记名表决可以建立个人声望，在具有争议的提案上能够明确表达个人立场，同时适应民意以及压力集团的需求。20 世纪 80 年代以来，记名投票、点名投票次数锐减，原因是这两种方法被滥用，大大影响了国会的效率。[②]

虽然记名投票没有效率上的优势，甚至被认为是"白白浪费时间"，常常被少数派视为妨碍议事的拖延战术，但是也不应该一律排斥。因为它可以起到缓冲议会政治斗争的作用，被认为是"在激情冲动时为有感情的人寻找出路的一种途径"。[③]

---

① ［美］亨利·罗伯特：《罗伯特议事规则》（第 10 版），袁天鹏、孙涤译，格致出版社、上海人民出版社 2008 年版，第 297—299 页。
② 孙哲：《左右未来：美国国会的制度创新和决策行为》（修订版），上海人民出版社 2012 年版，第 103 页。
③ 董璠舆：《外国议会议事规则》，中国政法大学出版社 1993 年版，第 294 页。

（二）保障投票自由

1. 无记名投票更能保障投票自由

决定表决方式的另外一个考量因素就是对投票自由的影响。一般认为，在无记名投票表决方式中，投票情况不为其他人所知，投票人没有来自外部的压力，往往能按照自己的意愿进行投票。这种投票方式能保障投票人自由地行使投票权利，即使是投票人的上级、雇主想利用职权压力影响其投票行为，或者其他强势阶层试图利诱、威胁投票人，影响表决结果，也会因为无法获取真实的投票状况而丧失对表决结果的控制。[①]

雅典在公元前 6 世纪就实行了直接民主，在公民大会上由公民采取投票或举手的方式来做最后的决定，最早使用豆子、瓦片或石块作为选票。在决定是否对某位执政人物进行"放逐"时，由雅典公民投票决定。为了让雅典公民能自由表达意见，在投票前不受威胁、利诱，在投票后不被打击、报复，故采用无记名投票。[②] 无记名投票在西方各国经历了曲折的发展，最终由澳大利亚创立了"澳大利亚投票法"，使无记名投票得以确立和推广。在民主选举的发展历史上，无记名投票的确立被认为具有里程碑式的意义，选举中的无记名投票被公认为能够体现选民的自由意志，排除外来压力，最大限度地实现了民主。

公开投票则被认为，由于投票行为发生于公众场所，使强势阶层有利诱、威胁的空间，让处于弱势阶层的投票人在投票时会迫于压力，不敢表露真实的投票意愿。这种表决方式被认为易于实现强势阶层的意愿，因此，强势阶层为了施加自己的影响、掌控表决结果，往往赞成公开的表决方式。

2. 在议员的代议行为中，责任大于自由

代议机关的投票表决有着与公民选举投票不同的特点，即表决要实现的"自由意志"原则让位于"责任政治"，强调议员对选民负责。一般认为，如果议员享有无记名投票权，则选民无法实现对其监督。顶住压力做出公正的投票表决并公开自己投票表决情况、履行对选民的承诺被认为是议员应有的责任。

记名投票无秘密可言，体现了向选民负责、保障人民权利；强调投票行为受人民监督，要求信息透明公开。议会的议事规则要求议员对选民负责，议员

① 刘妤：《秘密还是公开——代议机关的表决方式研究》，《人大研究》2016 年第 9 期。
② 牛铭实、米有录：《豆选》，中国人民大学出版社 2014 年版，第 10 页。

的投票是一种履行公共职务的行为,不能过多地考虑其个体利益,而无记名投票可以使议员逃避问题,或在投票时做出与自己的公开声明相反的行为,使议员投票出现表里不一的结果。针对这种情况,选民没有办法追究,并让其为此承担政治责任。所以,除了对人事的任命和选举采用无记名投票以外,对重大事情或问题的表决,议会以记名投票表决居多。这样做的一个理念是落实责任政治的基本原则。①

施密特认为,无记名投票和党派政治的发展使得议会成为各种利益的代理机构,议员不再是全体人民的理性或教养的代表,而是各种利益团体的代理人;议会不再是理性辩论的公开场所,而是各种利益讨价还价、藏污纳垢之地。② 所以,议会议事中的表决应采用公开表决。

同时,表决方式也与特定的社会状况及民主发展程度相适应。卢梭认为,一个崇尚正直的社会适用公开投票,但在民风腐化到可能出现贿选的时候,还是比较适合采用无记名投票。③ 一般认为,"当表决危害到议员投票的自由意志时,公开原则应该退让。"④

(三)针对议决事项采用不同的投票表决方式

1. 易对投票人产生压力的事项应采用无记名投票

选民选举往往采取无记名投票,有些国家代议机关议事程序中的选举任命也采用无记名投票方式,这与投票方式的特点相对应。无记名投票的特点在于能保持投票人的中立性和自主性,可以在无人情包袱、政党利益的考虑下自由投票,充分表达投票人的个人意愿。容易对投票者产生压力的事项表决适合采用无记名投票,这主要是基于对投票者个人利益和投票自由的保障。由于代议制责任政治的特点,议会表决多公开进行,但是涉及人事选举或其他有关个人权利的表决有时会采用无记名投票。例如,在德国,无记名投票专门用于选举联邦议院议长和副议长、联邦总理、议会国防专员。

2. 表决事项有无分歧影响表决方式

一般来说,争议性不大、容易形成共识的事项适合选用公开的表决方式。

---

① 孙哲:《左右未来:美国国会的制度创新和决策行为》(修订版),上海人民出版社 2012 年版,第103 页。

② 翟志勇:《代议制的基本原理》,中央编译出版社 2015 年版,第 115 页。

③ [法]让-雅克·卢梭:《社会契约论》,张灿金、曹顺发译,中国法制出版社 2016 年版,第 130 页。

④ 许宗力:《宪法违宪乎? 评释字第 499 号解释》,台湾《月旦法学杂志》2000 年第 5 期。

在这种情况下,如果议事规则并没有要求特定的表决方式,采用公开表决方式能够提高议事效率。例如,口头表决、举手表决、鼓掌通过等都属于公开表决方式。正如《罗伯特议事规则》所言,"如果某个职位只有一个候选人,那么主席可以采用口头表决,甚至可以直接宣布该候选人当选,即用'一致同意''一致拥护''鼓掌通过'这样的说法完成选举。"[1]口头选举通常适用于公众集会或者影响力比较突出的候选人,选举的竞争并不激烈,并且章程也没有要求选举必须采用书面投票。[2]

另外,有时参会成员的情况也会影响表决方式。有些组织会员很多,但出席会议的人数不多,每次出席的成员变化也比较大,这种情况就不适合采用点名表决。[3]

第三节　代议机关公开投票表决的条件

多数代议制国家采用公开的投票表决方式,这种表决方式符合代议制的运行原理和基本规则,但是采用这一表决方式需要较完善的议事公开制度和议员免责制度相配套。

一、议事公开制度

（一）议事公开是代议制度运行的基础

柏克、边沁、基佐、密尔等代议制思想家的共识是,议会运行的基本原则包括辩论性和公开性。辩论是意见的交流,通过论证某事是真理从而说服别人,或者被别人说服。而公开性为政治开辟了公共领域,一切辩论、言辞、行为都在选民的监督之下,使得权力也置于民众的监督之下,从而保证了民众对真理的追寻,也保证了国家的理性治理。辩论性和公开性能保证议会在意见分歧

---

① ［美］亨利·罗伯特:《罗伯特议事规则》(第 10 版),袁天鹏、孙涤译,格致出版社、上海人民出版社 2008 年版,第 32—33、314—315 页。

② ［美］亨利·罗伯特:《罗伯特议事规则》(第 10 版),袁天鹏、孙涤译,格致出版社、上海人民出版社 2008 年版,第 314 页。

③ ［美］亨利·罗伯特:《罗伯特议事规则》(第 10 版),袁天鹏、孙涤译,格致出版社、上海人民出版社 2008 年版,第 297 页。

的基础上达成理性共识,避免仅限于利益分歧。[①]

卡尔·施米特认为,公开性和辩论性是议会的两项基本原则,二者不是简单的程序性问题,而是直接关系"代表"能否名副其实和实现代议制的民主性。[②] 从代议制度产生的历史来看,它切断了君主与国家之间的代表关系,并确立了自身对人民的代表性。因此,当代议制度的代表性受到质疑时,它与人民之间关联的真实性就遭到了怀疑,代议制度的正当性从根基上动摇了。议事公开制度能使议会在选民的监督之下保证议员的代表性,从而保证代议制的正当性。

根据对亚洲、欧洲 61 个代议制国家的统计,有 34 个国家的代议机关实行了议事公开制度,占比为 55.7%。[③] 当然对待议事公开制度,我们也要保持理性的认识,注意区别一些西方国家"热闹的民主场面"和真正促进民主、维护人民利益的情况。

(二)议事公开是监督议员的要求

议事公开原则的目的是让国会的议事情况为一般公民所知晓,并把议会处于国民监督之下,以实现民意。西方国家的议员一般拥有很大的权力,从事的工作属于公务行为,其议会议事行为是否公开,背后也是国家利益和公民知情权的平衡。有观点认为,不仅议员的议事行为应该公开,甚至其私生活也要曝光在大众的监督之下,原因主要在于议员拥有的权力源于公民的托付,并且,议员本来就有监督政府的职责,其自身更有接受严格监督的必要。[④]

基于这个原理,政府、立法机关一般都实行信息公开制度。在信息公开方面做得比较早的是美国。1966 年,美国制定《信息自由法》,规定公众可以向联邦政府索取任何材料。1976 年又颁布《版权法》,美国联邦政府的任何文件都不适用版权保护,联邦政府不得以版权保护为由垄断政府信息。因此,任何人都可以获取、复制联邦政府的任何文件。[⑤]

议会的议事公开内容包括:公开举行议会会议,议会议程提前公布;公民

---

① 翟志勇:《代议制的基本原理》,中央编译出版社 2015 年版,第 129—130 页。
② 翟志勇:《代议制的基本原理》,中央编译出版社 2015 年版,第 90 页。
③ 周叶中:《代议制度比较研究》(修订版),商务印书馆 2014 年版,第 42 页。
④ 应奇:《代表理论与代议民主》,吉林出版集团有限责任公司 2008 年版,第 136 页。
⑤ 周汉华:《美国政府信息公开制度》,《环球法律评论》2002 年第 3 期,第 274—287 页。

旁听;允许媒体自由报道;公开议会的议事录。随着信息技术的发展,网站也成为议事公开的重要渠道,有些国家还设有专门的电视频道,用来转播议会活动。①

（三）政党政治和无记名投票的影响

不少学者认为,政党政治和议会的议事公开制度互相影响。"代表"在实践中被形式化,甚至沦为口号式的一纸政纲宣言。这是因为议事公开便于党团对本党议员的控制,特别是公开投票表决使议员容易受党团影响。议事公开成了推动政党政治发展的因素之一。

代议制产生于对政府的监督,其优势在于打破了权力的封闭性。君主制下的政府不对人民负责,人民没有有效机制对它施加影响。代议制下,人民可以通过议会和议员对政府活动施加影响,人民甚至有权罢免政府官员,但是当议员和议会的活动重回封闭性,并将公共领域的辩论视为利益计算与交换的谈判时,代议制下的监督不再是人民"通过代表的监督",而是变成"代表的监督"。② 施密特认为,无记名投票和政党政治的发展使议会成了各种利益集团的代理人,议会失去了自己的思想基础。③

二、议员免责权

议员免责权是公开投票的基础,只有被免于追究责任,议员才能在议会议事中按照自己的真实意愿进行投票表决。议员免责制度是指议员在代议机关各种会议上享有发言和表决不受法律追究的权利,甚至有国家规定:"在院外不得追究责任"。

议员免责权制度最早由英国国会在 18 世纪中叶确立。14—16 世纪,英国众议院的议员常因所提议案或发表的言论被行政机关认定为非法,甚至议员的表决行为也面临控诉。1688 年后,英国议会在《权利宣言》中规定,议院内的一切发言、辩论、讨论等,法院及议院外的其他机关不得干涉。④

议员免责权随着近代民主的发展被各国接受,其目的是保证议员独立自

---

① 哲生:《国外议会议事规则概要》,《浙江人大》2010 年第 1 期。
② 翟志勇:《代议制的基本原理》,中央编译出版社 2015 年版,第 91 页。
③ 翟志勇:《代议制的基本原理》,中央编译出版社 2015 年版,第 129—130 页。
④ 王世杰、钱端升:《比较宪法》,商务印书馆 1999 年版,第 259 页。

主地履行代议职能,自由地表达民意,使其能尽职尽责、无所顾忌,不受其他外力的侵害和干扰。议员的免责权甚至被称为"是议会特权的反射权利,是人民根本的权利之一"。① 随着资产阶级的壮大,议员的免责权从言论自由扩展到人身不受侵害,主要包括言论免责权和人身保护权。

言论免责权是广泛而永久的权利。议员在议会内的发言、辩论、动议、投票、口头或书面质询以及受议会委托发表的演说、起草的报告和文件享有不受法律追究的权利。议员终止其职务后,也享有对上述行为免于被刑事或民事诉讼的权利。②

三、选民的理性判断

在竞争性的选举制度下,选民对议员的监督往往通过选举实现。如果发现议员没有反映选民的诉求,选民可以在下次选举时改选他人,这是传统的代议理论的基本思路。现在这一问责路径受到了新的挑战,即由"选民无知"和"理性无知"造成的障碍。选民普遍缺乏理性判断使得代议机关公开投票面临挑战。

(一)选民无知和理性无知

其实在代议制度运行的早期,很多学者已经把选民的理性判断作为制度运行的前提。密尔曾经提出,好的政府除了制度设计,归根结底还要依靠整个社会人的素质提供运行的基础。他认为,即使有良好的程序规则,也不能保证制度的良性运行。只有把国家的管理职能交给"具有卓越的美德和智慧的人,而围绕着他们的是有道德的和开明的公共舆论的气氛",才能改进政府的性质。反之,如果人民对市政漠不关心,选民不选择高素质的人成为议员,而是选择了那些为了当选而愿意花最多钱的人,即使完善的代议制度也没有什么用。③

卢梭也有过类似的评论,他说,聪明的建筑师在建造大楼之前,要先测量选址地的承受能力。同样的道理,聪明的立法者在立法之前,要首先研究立法

---

① 苗连营:《民意代表的言论免责权之研究》,《法律科学(西北政法大学学报)》1999 年第 5 期。
② 高秉雄、苏祖勤:《中外代议制度比较》,商务印书馆 2014 年版,第 92 页。
③ [英] J.S.密尔:《代议制政府》,汪暄译,商务印书馆 1982 年版,第 23 页。

对象——人民的接受能力。[①] 思想家们在构筑代议制度时,是默认了人民具有基本的理性和政治素质,实践中,如果人民缺乏基本的良善、政治识别和参与能力都会影响代议制度的运行。

选民无知主要有以下表现:一是行为无知,选民对议员的代议行为不知情;二是议题无知,即选民不了解政治议题;三是广义的评价无知,选民缺乏判断力,无法判断议员是否做出了对公共利益有益的决策;四是狭义的评价无知,即选民甚至对议员的行为是否利于自己也不确定。所以,选民对议员的监督在很多时候是失灵的。[②] 除此以外,选民还有可能出现"理性无知"。

根据奥尔森的集体行动理论,选民对代表的有效监督会使所有选民受益,这种利益就是"集体利益",具有公共物品的属性,需要选民投入大量的时间、精力。而单个选民从对代表的有效监督中获得的利益非常有限,这就容易造成"搭便车"的现象,人人都期待从别人的有效监督行为中获益,从而形成"集体行动困境",造成"理性无知"。[③]

(二)选民缺乏理性判断影响代议制运行

虽然代议制度已经获得了长久发展,但是选民无知的现象仍然广泛存在。2014年,根据美国《华盛顿邮报》报道,美国公民普遍存在"政治无知"现象。根据调查结果,能够准确说出三权分立中的"三权"是指立法、行政和司法的受访者仅占36%;只有36%的受访者知道民主党领导参议院,众议院的多数席位由共和党占据。调查结果还显示,只有55%的受访者认为国会由谁主导会影响自身利益,而大约30%的受访者不关心国会的党派之争。[④]

"政治无知"问题的研究专家埃乐亚·西蒙曾对美国历次总统选举做过研究,选民无知会使政府逃脱选民的选举惩罚,即使政府决策存在明显的失误。他认为,20世纪30年代美国爆发经济危机,时任总统胡佛因为采取自由放任主义经济政策,无法挽救美国经济,而在竞选连任中失败。类似的还有1980

---

① [法]让-雅克·卢梭:《社会契约论》,张灿金、曹顺发译,中国法制出版社2016年版,第46页。
② 牛文浩:《竞争性选举与负责制政府:一种"脆弱"的因果关系——选民、利益集团与代表理性互动视角下的分析》,《教学与研究》2019年第6期。
③ 牛文浩:《竞争性选举与负责制政府:一种"脆弱"的因果关系——选民、利益集团与代表理性互动视角下的分析》,《教学与研究》2019年第6期。
④ 良弼:"美国人对政治多无知 六成多不懂'三权'分立定义",http://world.people.com.cn/n/2014/0924/c157278-25721136.html,最后访问日期:2019年12月28日。

年卡特总统因应对经济通货膨胀不力而连任失败。但是根据基本的政治经济规律,他们的前任也应该为这些失败承担责任,然而威尔逊、柯立芝、尼克松、福特等却并未遭受如此惩罚。[①] 这就说明,选民的监督在许多时候是失效的。总之,"选举使得代表对选民负责"的信念面临一个挑战,即由于选民对代表行为的"理性无知"而难以保证选民对代表的有效监督。[②]

事实上,一个代表的代议行为能否被选民知晓固然重要,然而获得了一切信息的人民能否进行理性判断仍是个问题。如果人民被金钱收买、被无知蒙蔽、被恶意煽动,则无法做出理性判断。同时,民主体制的保守性使得民主制度有着很大的媚俗性,在电视竞选时代,选民投票时不再仅关注各候选人的施政纲领和政治倾向,候选人的样貌、气质,甚至候选人与选民的某种相似度都成了获取选民支持的重要因素,选民会选择与他们有着同样偏见的政治家。[③] 选民的素养是代议制度运行的支撑点,选民的非理性会导致代议制度的基础——选民对议员(代表)的监督发生动摇。

---

① Ilya Somin. When Ignorance isn't Bliss: How Political Ignorance Threatens Democracy. *Policy Analysis*, September 22, 2004.

② 牛文浩:《竞争性选举与负责制政府:一种"脆弱"的因果关系——选民、利益集团与代表理性互动视角下的分析》,《教学与研究》2019 年第 6 期。

③ 赵鼎新:《民主的限制》,中信出版社 2012 年版,第 20—21 页。

第四章

我国人大及其常委会的
投票表决方式

我国《宪法》规定，全国人大及其常委会为国家最高权力机关，全国人民代表大会和全国人民代表大会常务委员会行使国家立法权。人民依照法律规定，通过各种途径和形式管理国家事务。根据前文对代议制度的分析，代议制度的基本原理同样适用于我国全国人大及其常委会。作为我国的代议机关，全国人大及其常委会的表决方式是代议制度的重要程序，不同的表决方式将影响表决的结果；表决方式作为一种民主程序也影响我国实体民主的运行。代议制度在我国建立的时间较短，我国历史上又经过了长期的封建时期，民众的民主实践经验不够丰富，代议机关的表决方式不论是在法律规定上，还是在实践中都存在较大的改进空间。

第一节　我国人大及其常委会投票
表决方式的历史演进

一、多种表决方式并存

1949 年中华人民共和国成立初期，从全国政治协商第一届一次会议到第一届四次会议是我国人大制度的初建阶段。当时全国政治协商会议代行全国人民代表大会职能，为中华人民共和国民主政治制度的构建做出了巨大贡献。

1949 年 9 月 21 日，中国人民政治协商会议第一届全体会议举行开幕式。周恩来代表政协筹备会报告各类会议代表名额、大会主席团名单和会议秘书长人选，由全体代表举手表决通过。[①]

大会采用举手表决通过法律、决议。经过与会代表的发言讨论，大会于 1949 年 9 月 27 日通过了《中国人民政治协商会议组织法》《中华人民共和国中央人民政府组织法》《关于中华人民共和国首都、纪元、国歌和国旗的决议》。

---

① 　孙小礼：《第一届政协秘书处工作琐忆》，《炎黄春秋》2009 年第 9 期。

根据亲历过第一届政协会议的叶圣陶回忆,1949 年 9 月 27 日,毛主席对五星红旗图案进行了说明,之后大家"热烈鼓掌表示赞同。"①第一届政协会议的工作人员回忆,在 9 月 27 日的大会上,采用红地五星旗作为国旗的提案,"在全场热烈掌声中一致举手通过",并且"我们从后向前数了三遍,每个代表都举手赞成,无一人反对,无一人弃权,全体一致通过。"该工作人员还回忆说,本届大会上的几次议案表决也是全体代表一致举手通过,所以她们的"数票工作很顺利,很轻松。"②

大会采用举手的方式选举了人民政协全国委员会委员。1949 年 9 月 29 日,全体大会讨论了《中国人民政治协商会议共同纲领》《中央人民政府副主席和全体委员的名额》等法律议案。大会就选举中国人民政治协商会议全国委员会和中央人民政府委员会作出了专门规定:"第一届全国委员会的候选名单经过参加本届全体会议各单位的协商,由主席团提交全体会议以整个名单交付表决的方法选举之。中央人民政府主席、副主席和委员的候选名单,经参加本届全体会议各单位的协商,由主席团提交全体会议以无记名联记投票的方法选举之。"③9 月 30 日下午 3 点,大会开始,全体政协代表参加会议进行选举,第一项是选举人民政协全国委员会,按照"整个名单交付表决"的规定,对180 人的名单举手表决。④

大会采用无记名投票的方式选举中央人民政府的主席、副主席和委员。1949 年 9 月 29 日晚,人民政协第一届全体会议主席团会议通过《中华人民共和国中央人民政府委员会选举办法》,对中央人民政府主席、副主席和委员的选举进行了具体规定:选举中华人民共和国中央人民政府主席、副主席及委员,采用无记名联记投票方式。如果同意选举票上的候选人,就在被选人姓名之上画圆圈。如果选举人不同意选票上的候选人,可以用"×"将该候选人姓名划去。如果想另外选其他人,可以在划去的姓名下空白处填写欲选之人的

---

① 叶永和、蒋燕燕:《叶圣陶参加第一届政治协商会议纪实》,《民主》2009 年第 9 期。有人据此认为此次大会上通过的定都北京、国歌、国旗,甚至国家主席都是"鼓掌鼓出来"的。笔者不认同这种看法,综合其他亲历者回忆录,以及大会就选举颁布的具体表决办法,笔者认为引注处的"鼓掌"只是代表们表达赞同的强烈感情,并非一种表决方式。
② 孙小礼:《第一届政协秘书处工作琐忆》,《炎黄春秋》2009 年第 9 期。
③ 张希坡:《人民代表大会制度创建史》,中共党史出版社 2009 年版,第 584 页。
④ 孙小礼:《第一届政协秘书处工作琐忆》,《炎黄春秋》2009 年第 9 期。

姓名。填写完毕后,由选举人亲自将选举票投入票箱。[①] 1949 年 9 月 30 日,人民政协全国委员会选举完成后,进行了中央人民政府主席、副主席和委员的选举。

二、无记名投票、举手表决为主的表决方式

第一部《中华人民共和国宪法》是以无记名投票方式产生的。1954 年 9 月 20 日,在第一届全国人民代表大会第一次会议上,首先通过了《中华人民共和国第一届全国人民代表大会第一次会议进行无记名方式投票办法》和 35 名监票人员名单,接着执行主席宣读《中华人民共和国宪法(草案)》(以下简称《宪法草案》)全文,宣读完毕后,执行主席问代表们有无意见,全场热烈鼓掌表示赞同。执行主席宣布将《宪法草案》提付表决。当日出席会议的代表总共 1 197 人。发票 1 197 张,投票 1 197 张,同意票 1 197 张,全票通过。[②]

1954 年《中华人民共和国宪法》对全国人大及其常委会的职能进行了详细的规定,其中第 27 条规定,全国人大有修改《宪法》、制定法律等共 14 项职能;第 31 条规定了全国人大常委会有主持全国人大的选举等 19 项职权;第 29 条规定:《宪法》的修改以全国人大全体代表的 2/3 以上的多数通过,法律和其他议案由全国人大以全体代表的过半数通过。规定了国家主席、副主席等国家领导人由选举产生,但未明确具体的投票表决方式。

1954 年 9 月 20 日,第一届全国人民代表大会第一次会议通过《中华人民共和国全国人民代表大会组织法》,其中第 13 条规定,全国人大进行选举和通过议案时,以无记名投票或者举手表决方式进行。但是在什么情况下采用无记名投票、什么情况下举手表决,法律没有规定,从而给实践留下了一定的裁量空间。

1954 年 9 月 21 日,第一次全国人民代表大会通过的《中华人民共和国地方各级人民代表大会和地方各级人民委员会组织法》规定,县以上地方各级人大选举本级人民委员会组成人员和人民法院院长,采用无记名投票方式。乡、民族乡、镇人民代表大会选举本级人民委员会组成人员,可以采取举手方式。[③]

按照当时的规定,县级以上人大对本级的"一府两院"的人事选举采用无

---

① 张希坡:《人民代表大会制度创建史》,中共党史出版社 2009 年版,第 584 页。
② 张希坡:《人民代表大会制度创建史》,中共党史出版社 2009 年版,第 658 页。
③ 张希坡:《人民代表大会制度创建史》,中共党史出版社 2009 年版,第 690 页。

记名投票方式,基层人大进行人事选举可以采用举手的方式。之所以出现按照行政级别分别规定不同的表决方式的做法,可能和当时我国普遍存在的公民文化素质不高、文盲的比例较高有关。这个猜测可以在党和国家领导人的一些讲话中得到印证。

1951年2月28日,刘少奇在北京市第三届人民代表会议上发表讲话,针对北京市的选举,他指出,北京分级选举代表的方式是正确的和必要的。北京市在选举时,除了各学校因为选民全部都识字,又有过多次选举经验,所以采取了无记名投票外,其他地方大多采用了举手表决的方式,原因就是目前大多数人民群众的文化水平还比较低,不识字,也缺乏选举的经验,对选举的积极性和关心不够。所以,北京实行的分级的选举方式是可行的,也是便利的。刘少奇认为,只有在将来做好各种准备工作后,中国多数的人民群众经过选举训练,并能填写无记名投票时,才能实行"普遍、平等、直接、无记名"的选举方式。[①]

1953年2月11日,邓小平在做《中华人民共和国全国人民代表大会及地方各级人民代表大会选举法(草案)》的说明时提出,应"根据我国当前的具体情况,规定一个真正民主的选举制度。"后来《中华人民共和国全国人民代表大会和地方各级人民代表大会选举法》(以下简称《选举法》)规定,只在县级以上采用无记名投票方法,而在基层政权单位则采用举手表决。对此,邓小平解释说,这是由我国目前的社会情况决定的,当前人民缺乏选举经验,文盲较多。"如果我们无视当前社会情况、人民缺乏选举经验、文盲尚多等实际条件,勉强地去规定一些形式上很完备,而实际上行不通的选举办法,其结果除了增加选举的困难和在实际上限制公民的选举权利之外,没有任何好处。"[②]

当时邓小平主要负责《选举法》的起草工作,《选举法》颁布后,刘少奇任中央选举委员会主席,他们都深度参与了中华人民共和国第一部《选举法》的构建过程,对中国国情的认识是客观的,采取的做法也是切实可行的,真实反映了当时的客观情况,即在投票表决中存在人大代表"文盲尚多""缺乏选举经验"的困境,因此,《选举法》规定:基层人大代表在选举本级政府组成人员时"可以采用举手表决的方式"(见表4-1)。

---

① 刘少奇:《刘少奇选集》(下卷),人民出版社1985年版,第54—56页。
② 中央人民政府法制委员会:《中央人民政府法令汇编(1953年)》,法律出版社1982年版,第26页。

表4-1　中华人民共和国成立到1954年期间人大表决方式

表决方式种类	表决方式性质	议　决　事　项
举手	公开、不记名	全国人大选举
		全国人大通过议案
		乡、民族乡、镇人民委员会组成人员和人民法院院长选举
无记名投票	不公开	宪法
		县级以上人民委员会组成人员和人民法院院长选举

"文化大革命"时期人大制度遭到破坏。这一时期没有出台规范人大表决方式的法律,至于选举怎么进行,是无记名投票还是举手表决;选举的规则是什么,是过半数当选还是其他,都没有规定。

三、20世纪八九十年代确立了人大及其常委会表决制度

1982年12月4日,五届全国人大五次会议采取无记名投票方式,正式通过《中华人民共和国宪法》(以下简称1982年《宪法》)。1982年《宪法》第64条规定:宪法的修改由全国人大常委会或者1/5以上的全国人大代表提出,并经全国人大全体代表的2/3以上的多数通过。法律和其他议案由全国人大以全体代表的过半数通过。这个规定和1954年《宪法》的规定是一致的,都没有明确修改宪法和法律应采取怎样的表决方式。

当时参加大会的代表共3 040名,除3票弃权外,其余都投了赞成票。这3张弃权票让新华社的记者有了思想负担,当他们向邓小平、胡耀邦汇报了情况后,得到"稿子原样发出"的指示,在国内外引起强烈反响,境外媒体把它视为"中国在邓小平先生领导下,改革、开放、建立民主政治的生动体现"。[①] 对弃权票的公布被视为政治开明的信号。

1982年还颁布了《中华人民共和国全国人民代表大会组织法》(以下简称《全国人大组织法》),其中第18条规定:全国人大进行选举和通过议案采用无记名投票、举手表决或者其他方式,具体方式由主席团决定。与1954年的相关法律相比,1982年修订的《全国人大组织法》明确了表决方式的选择主体,即

---

① 李壹:《"两会"表决演变史:投豆豆到电子表决器》,《协商论坛》2014年第3期。

由主席团决定具体的表决方式。

当时的全国人大常委会副委员长习仲勋在做《〈中华人民共和国全国人大组织法〉的法律案说明》时,特意就人大主席的职权做了解释:多年来,对于全国人大的各项议案,主席团做了一系列的工作,从把议案提交给代表团讨论到修改、补充和形成相应的决议案起到了非常重要的作用。人大主席团具备实践经验,因此,主席团的职权包括主持全国人大会议、提出候选人名单等。《全国人大组织法》的这一规定为全国人大每次会议由主席团制定《表决议案办法》提供了法律依据。

1982年新修订的《中华人民共和国地方各级人民代表大会和地方各级人民政府组织法》(以下简称《地方各级人大和地方各级政府组织法》)第16条规定:政府的组成人员由本级人大主席团或者代表联合提名,通过无记名投票方式选举产生。代表可以投赞成票、反对票,也可以另选他人或者弃权。《地方各级人大和地方各级政府组织法》规定了对政府组成人员的选举要采用无记名投票方式。

《中华人民共和国全国人民代表大会常务委员会议事规则》(以下简称《全国人大常委会议事规则》)于1987年11月24日颁布,第五章为"发言和表决",其中第33条规定,常委会表决议案采用无记名、举手或者其他方式。

《中华人民共和国全国人民代表大会议事规则》(以下简称《全国人大议事规则》)由第七届全国人民代表大会第二次会议于1989年4月4日通过。这部法律对人大表决方式进行了详细规定,有不少历史性突破。《全国人大议事规则》第36条规定,全国人大采用无记名投票进行选举或者决定任命。大会进行选举或者表决任命案的时候,设秘密写票处,并由会议主持人当场宣布选举或者表决结果,公布候选人的得票数;第37和53条规定了全国人大进行选举、决定任命、表决议案的投票表决方式。

《全国人大议事规则》对投票表决的事项进行了区分,规定宪法的修改采用投票方式;表决议案采用投票、举手或者其他方式;选举或者表决任命案采用无记名投票,选举和决定任命的具体办法由大会全体会议通过。并且,在选举或表决任命案的时候要设立秘密写票处。表决议案的具体办法由大会主席团决定。同时还明确规定宪法的修改采用投票表决,把实践中的做法用法律规范固定了下来。这些制度有不少至今仍然发挥作用,对规制人大的议事程序起到了重要作用。《全国人大议事规则》第 24 条还规定，全国人民代表大会决定成立的特定法律起草委员会拟订并提出的法律案的审议程序和表决办法另行规定。1990 年关于《中华人民共和国香港特别行政区基本法（草案）》的审议程序和表决办法以及 1993 年《中华人民共和国澳门特别行政区基本法（草案）》的审议程序和表决办法都是根据本条由全国人民代表大会全体会议表决通过的。

全国人大代表的第一张反对票也是在这一时期产生的。1988 年 3 月 28日，来自我国台湾地区的全国人大代表黄顺兴在大会会场反对教科文卫委员会主任委员的人选，认为应该让更多的年轻人为国家做事。在这次大会上，黄顺兴还提议设立"秘密投票处"。这个建议最后被采纳。①

虽然 2009 年《全国人大常委会议事规则》进行了修订，但没有对表决方式作出修改。实践中，从 20 世纪 80 年代末期，全国人大及其常委会开始大量采用电子表决器的方式进行无记名投票。如今，很多地方人大及其常委会也采用了电子表决器的表决方式。图 4-1 为我国人大及其常委会表决方式的法律规定变迁。

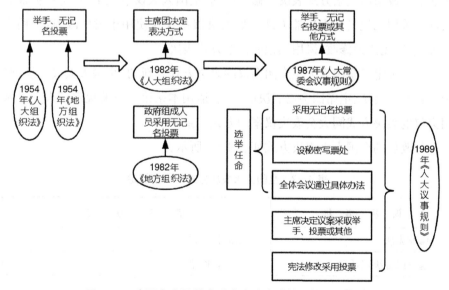

图 4-1　我国人大及其常委会表决方式的法律规定变迁

---

①　王尧：《全国人大代表第一次公开说"我反对"》，《人民之友》2014 年第 9 期。

四、新的《全国人大议事规则》和《全国人大组织法》

2021年全国人民代表大会做出了关于修改《全国人大议事规则》《全国人大组织法》的决定。全国人大宪法和法律委员会在审议报告中指出,这次的修改是非常有必要的,贯彻落实了习近平新时代中国特色社会主义思想,落实了《宪法》修改条文的具体部署,"体现深化党和国家机构改革新形势新任务新要求,总结人民代表大会制度实践的新经验新成果"。[①] 其中《全国人大议事规则》共做16处修改,其中实质性修改4处;《全国人大组织法》共做16处修改,其中实质性修改9处。

涉及全国人大表决方式的修改有以下几处。

一是删除了全国人大主席团决定投票表决方式的做法。原《全国人大组织法》第18条规定,全国人民代表大会会议进行选举和通过议案,由主席团决定采用无记名投票、举手表决或者其他方式。

二是由法律统一规定了全国人大会议的表决方式。原《全国人大议事规则》第53条规定,会议表决议案采用投票、举手或者其他方式由主席团决定。宪法的修改采用投票方式表决。修改后的《全国人大议事规则》规定:"会议表决议案采用无记名按表决器方式。如表决器系统在使用中发生故障,采用举手方式。""宪法的修改,采用无记名投票方式表决。"

三是规定了全国人大主席团会议的表决方式。新的《全国人大议事规则》规定:"预备会议、主席团会议表决的方式,适用本条第一款的规定。"人大主席团会议的表决方式同大会表决议案的方式一致。

修改后的全国人大表决方式如表4-2所示。

表4-2　全国人大表决方式的最新规定

议 决 事 项	表 决 方 式
修改宪法	无记名投票
选举或者决定任命	无记名投票

---

① "第十三届全国人民代表大会宪法和法律委员会关于《中华人民共和国全国人民代表大会议事规则(修正草案)》审议结果的报告",https://www.pkulaw.com/protocol/4c47bf03f890a53fea088f092d81d67ebdfb.html,最后访问日期:2021年11月20日。

议　决　事　项	表　决　方　式
表决议案	无记名按表决器
	举手方式（表决器系统在使用中发生故障）
预备会议、主席团会议表决	无记名按表决器
	举手方式（表决器系统在使用中发生故障）

此次两部法律的修改对人大投票表决规则的主要变动在于：首先，删除了由全国人大主席团决定表决方式的规定，由法律统一规定的表决方式体现了权威性，彰显了表决方式的宪法地位。其次，删除了投票表决可以采用"其他方式"的规定，确定了全国人大的基本表决方式为无记名（按表决器）。选举、决定任命采用无记名投票，确保了投票表决方式的确定性和稳定性。再次，增加人大预备会议、主席团会议的表决方式的规定，预备会议和主席团会议也受法定表决方式的规范，体现了立法的规范化和全面性。最后，《全国人大议事规则》和《全国人大组织法》对表决方式的立法用语进行了标准化，把原来的"投票方式""无记名投票方式""其他方式"等进行了合并和统一，把实践中已经广泛应用的"无记名按表决器"的表决方式进行了立法确认，正式吸收为人大的基本表决方式。这些规定既体现了我国立法技术的进步，也是我国进入精细化立法阶段的表现。

第二节　我国人大及其常委会投票表决的种类

我国法律规定，全国人大及其常委会的表决方式有举手、无记名投票、电子表决器等，这些表决方式有什么优势和弊端？无记名投票是否比举手表决更有利于民主的实现？

一、举手表决

我国人民代表大会的代表选举、议事决议曾广泛采用举手表决的方式，随着时代的发展,人民代表大会中的举手表决越来越少,举手表决被认为是一种"落后"的表决方式,因为其把表决者的意愿公开表达了出来,甚至曝光在镜头前,不利于表决者自由、坦然地表达自己的意愿。

（一）举手表决的定义和可行性

1. 定义

《北京大学法学百科全书·宪法学行政法学》给"举手表决"下的定义是:投票人以举手方式表示自己的投票选择,由主持机关或其工作人员计算举手人数以决定候选人的当选或表决案的通过。[①] 我国相关法律对其具体的适用程序和要求并没有作出规定。

2. 适用条件

举手表决以其简便易行的特点成为会议表决的基本方式之一,在国际会议中也经常被采用。《联合国大会议事规则》第 87 条(a)规定:"大会通常通过举手表决或站起来表决。"[②]对适用举手表决的条件,《罗伯特议事规则》规定:一般情况下,在成员都能看见彼此的小型会议上,可以采用举手表决;另外,举手表决还可以用来对口头表决进行验证。[③]

3. 可行性

科恩认为,达成协议需要一种明确的,并且可以公开核实的办法来衡量社会意见,因此必须采取可以计量的方法——投票、举手。[④] 举手以一种可以计量的方式来达成某种决策的方式,它与蕴含着赞扬的、难以计量的"鼓掌通过"不同。因此,举手表决作为一种决策方式,具有客观达成决策的可能性。因此,在西方国家的议会议事中,举手表决是一种常见的表决方式,这与我们所谓"举手表决是落后,无记名投票才是民主"的印象不同。

（二）举手表决易受外界压力的影响

举手表决属于公开表决,表达反对意见的方式为"举手",在众目睽睽之下

---

① 肖蔚云、姜明安:《北京大学法学百科全书·宪法学行政法学》,北京大学出版社 1999 年版,第260 页。

② 王铁崖:《中华法学大辞典·国际法学卷》,中国检察出版社 1996 年版,第 323 页。

③ [美]亨利·罗伯特:《罗伯特议事规则》(第 10 版),袁天鹏、孙涤译,格致出版社、上海人民出版社2008 年版,第 33 页。

④ [美]科恩:《论民主》,聂崇信、朱秀贤译,商务印书馆 1988 年版,第 68—69 页。

特别是周围鲜有反对意见时，"举手"反对需要很大的勇气。为了保护投票自由，各国的选举制度一般都实行无记名投票，这样能保障免受各种压力和贿选的干扰，减少投票人的精神负担。这种做法和公民选举的理念及目的相符，公民选举程序最重要的价值追求是个人投票自由，从这点来看，举手表决不适用公民投票和选举。

结合中国的传统文化和社会环境，举手表决非常重要，但其也是引起争议的主要原因。在我国，受传统"中庸之道"的影响，崇尚和谐友善的关系，人与人之间哪怕有不同意见，也不愿当面表达，这种思想曾经影响我国的选举制度，长期存在的等额选举就与举手表决相关。等额选举是指候选人数与应选人数相等的选举方式，与"差额选举"相对。等额选举时各候选人不存在竞争关系，除例外情况，候选人均能当选。既然这样，等额选举中采用举手表决就不会给投票人带来精神负担。中华人民共和国建立初期构建选举制度时，由于我国文盲较多，不具备无记名投票的条件，只能采用举手投票表决，为了避免举手表决中公开表达不同意见的尴尬，等额选举成了举手投票的附属。

1953年的《选举法》规定，乡、镇、市辖区和不设区的市人民代表大会的代表基本上是由选民采用举手选举的方法直接选出的。根据相关资料显示，当时的考虑是：既然根据我国的国情没有进行无记名投票的条件，所以，只能采用举手表决的方式，那就不能差额选举。因为在选举过程中，如果以举手方表决的方式对代表进行差额选举，必然会产生公开的矛盾。为了避免冲突，只能实行等额选举的制度，这样才不会导致不同的意见在公共场所进行公开表达。[①] 从此以后，举手表决和差额选举一直并行，直到1979年《选举法》修改。1979年的《选举法》规定了全国和地方各级的人大选举时均采用无记名投票的方式，同时要差额选举。

《选举法》是针对公民投票选举的，和我们这里讨论的人大运行中的投票表决分属不同领域，但是面临同样的政治环境，举手表决因为会给表决人带来心理负担，可能影响其真实意愿的表达，进而影响人大议事的效果，故在近年来引发了不少反对意见。

---

① 王振耀：《迈向法治型选举的历史逻辑》，中国社会出版社2002年版，第39页。

2015 年,全国人大代表郑玉红提议从源头上规范各级人代会决议的表决方式,建议基层人代会的举手表决"让位"于电子表决器。[①] 2015 年,全国人民代表大会法律委员会公布了大会主席团交付审议的代表议案审议结果,其中包括郑玉红等代表提出的第 205 号议案。郑玉红等建议尽快修改《全国人大组织法》《全国人大议事规则》《地方政府组织法》,并对各级人民代表大会决议的表决方式进行规范,明确采用电子表决器或无记名投票。从这份议案可以看出,提出建议的人大代表是不支持举手表决的,他们希望能在全国人大和地方各级人大全面实行无记名投票或者电子表决器投票。代表们的意见也反映了社会大众的心理,人们普遍对举手表决等公开的投票表决方式采取不信任的态度。[②]

(三) 举手表决的最大优势是效率

近年来,电子表决器成了我国全国人大及其常委会最常用的投票表决方式,举手表决的使用频率并不高,部分地方人大及其常委会还使用举手表决的方式。有学者指出,应该在地方人大取消举手表决这种"不民主"的方式。事实上,举手表决有其存在的优势,如果能正视这种优势、增强代表的责任感和担当精神,举手表决仍不失为一种可行的表决方式。

《罗伯特议事规则》规定,采用举手表决的程序为:主席或者主持者先请赞成方举起右手进行表决,然后再请反对方举手表决,最后由主席判断获胜方。如果表决结果不明朗,主席或者其他成员可以提议以起立的方式重新表决,必要时还要进行计数。[③] 据此,按照《罗伯特议事规则》规定,举手表决一般是不明确计数的,只有在主席难以直观判断的情况下才进行计数。

举手表决可以更好体现责任政治,并非大众印象中"落后"的表决方式,当然在实践中应该尽量避免在选举和干部人事任免中使用举手表决,因为在公开表决的场合下容易受人情、权力或者其他压力的影响,不敢表达自己的真实

---

① 于山:"衢州'两会'新风:告别举手表决使用电子表决",https://zj.zjol.com.cn/news/282025.html,最后访问日期:2020 年 3 月 26 日。

② 参见《全国人民代表大会法律委员会关于第十二届全国人民代表大会第三次会议主席团交付审议的代表提出的议案审议结果的报告》。

③ [美] 亨利·罗伯特:《罗伯特议事规则》(第 10 版),袁天鹏、孙涤译,格致出版社、上海人民出版社2008 年版,第 289—290 页。

意图,因此,一般认为,作为公开表决方式的举手表决不利于达成投票自由。

（四）举手表决的适用情况

目前举手表决多用于程序性事项。笔者查询了中国人大网,网上有 2015 年十二届全国人大三次会议至 2019 年十三届全国人大二次会议的大会文字实录,"举手"出现的频率不高,出现在"文字实录"里的有 3 次。

2018 年 3 月 19 日,十三届人大一次会议第七次全体会议对国务院其他组成人员的人选进行决定任命。大会执行主席陈竺询问各位代表是否都拿到了票,请没有拿到的代表举手;接着,陈竺再次询问有没有代表拿到多余票的,如果有,请举手;陈竺还请代表们检查选票,如果有印得不清楚或者没有印上姓名的,请举手。[①]

2018 年 3 月 18 日,十三届人大一次会议第六次全体会议决定中华人民共和国中央军事委员会副主席、委员的人选,选举国家监察委员会主任、最高人民法院院长、最高人民检察院检察长和第十三届全国人大常委会委员。大会执行主席沈跃跃同样向代表询问 3 次,请有问题的代表举手示意。[②]

十三届全国人大一次会议第五次全体会议,在工作人员分发了中华人民共和国主席和副主席、中华人民共和国中央军事委员会主席、全国人大常委会委员长和副委员长及秘书长的选票后,大会执行主席陈希依例询问 3 次,请有问题的代表举手示意。[③]

在普遍采用了电子表决器的表决方式后,举手表决成了电子表决器发生故障的替代表决方式。例如第十三届全国人民代表大会第二次会议规定,采用无记名按表决器方式表决各项议案,代表可以赞成、反对,也可以弃权。如果表决器系统在使用中发生故障,就改用举手方式表决。

举手表决经常出现在全国人大的表决方式中。笔者通过查询"北大法宝法律数据库",汇总了全国人大采用举手表决的具体办法,如表 4-3 所示。

---

① "十三届人大一次会议第七次全体会议",http://www.npc.gov.cn/zgrdw/npc/zhibo/zzzb38/node_5847.htm 中国人大网,最后访问日期:2020 年 3 月 25 日。

② "十三届人大一次会议第六次全体会议",http://www.npc.gov.cn/zgrdw/npc/zhibo/zzzb40/node_5846.htm 中国人大网,最后访问日期:2020 年 3 月 25 日。

③ "十三届人大一次会议第五次全体会议",http://www.npc.gov.cn/zgrdw/npc/zhibo/zzzb40/node_5826.htm 中国人大网,最后访问日期:2020 年 3 月 25 日。

表 4-3 全国人大采用举手表决情况

时 间	名　　称	表 决 事 项	表决方式
1988 年	《第七届全国人民代表大会各专门委员会组成人员人选办法》	议案	举手
		通过人大各专门委员会组成人员的人选	
1983 年	《第六届全国人民代表大会第一次会议选举、表决和通过议案办法》	决定国务院其他组成人员的人选、中央军事委员会其他组成人员的人选和通过全国人民代表大会各专门委员会的人选	举手
1980 年	《中华人民共和国第五届全国人民代表大会第三次会议进行选举、表决和通过议案办法》	除人事选举外，通过其他各项议案	举手

此外，很多地方人大及其常委会至今仍然采用举手表决为主要的表决方式，如表 4-4 所示。

表 4-4 地方人大及其常委会适用举手表决情况

适用主体	适用事项	选用情况	规则颁布日期
深圳市人大	选举主席团成员和秘书长	举手或其他方式	2019 年 4 月 26 日
	表决议案、决议和决定	举手或其他方式	
日喀则市人大	预备会议表决议程	举手	2018 年 4 月 10 日
	主席团决定或者通过事项	举手	
	表决议案和其他事项	无记名投票方式、举手方式或者其他表决方式	
日喀则市人大常委会	会议表决	记名投票或者举手表决	2017 年 9 月 28 日
	表决人事任免案	记名投票或者举手表决	
朔州市人大	预备会议的各项决议	电子表决器或者举手表决	2017 年 5 月 22 日
	主席团的决定	电子表决器或者举手表决	
	大会全体会议表决	无记名投票方式、电子表决器表决方式或者举手	
新余市人大及其常委会	法规草案和法规解释草案的表决	无记名或举手表决	2017 年 3 月 21 日

适 用 主 体	适 用 事 项	选 用 情 况	规则颁布日期
西藏自治区人大常委会	自治区国家机关工作人员的人事任免	举手表决、无记名投票或者按表决器	2016 年 3 月 30 日
贵州省人大常委会	任免国家机关工作人员	无记名投票、按电子表决器逐项表决、按电子表决器合并表决、举手表决	2012 年 9 月 26 日
	省大会专门委员会工作人员辞职	电子表决器逐项表决或者举手表决	
	省高级人民法院、省高级人民法院贵阳铁路运输法院庭长、副庭长、审判员的任免;省人民检察院、省人民检察院贵阳铁路运输检察院检察员的任免	电子表决器合并表决或者举手表决	
大连市人大常委会	表决议案	电子表决器、无记名投票或者举手表决	2009 年 4 月 17 日
玉屏侗族自治县人大常委会主任会议	对有关重大事项做决定	举手	2008 年 4 月 29 日
西藏自治区人大常委会	自治区国家机关工作人员的人事任免	举手表决、无记名投票或者按表决器	2007 年 6 月 6 日
包头市人大常委会	各专门委员会主任委员、委员的人选	举手表决或者按电子表决器合并表决	2004 年 9 月 6 日
山西省人大	预备会议选举主席团和秘书长	电子表决器或者举手表决	2004 年 2 月 19 日
江苏省人大	预备会议的各项议决	举手表决	1997 年 7 月 31 日
道真仡佬族苗族自治县人大常委会	审议单行条例草案	举手表决	1996 年 8 月 28 日
厦门市人大常委会	表决议案	一般采用举手表决方式,也可以采用无记名投票或者其他方式	1994 年 7 月 30 日

适用主体	适用事项	选用情况	规则颁布日期
陕西省人大	通过人事代表工作委员会审查报告	采用表决器表决或举手表决	1993 年 6 月 30 日
	省高级人民法院庭长、副庭长、审判员和地区中级人民法院副院长,省高级人民检察院检察长和省人民检察分院副检察长的任免,对市人民检察院检察长的批准任命	采用表决器表决或举手表决	
甘肃省各级人大	全体会议的各项表决	无记名投票方式、举手表决方式或者其他	1990 年 3 月 9 日
甘肃省人大常委会	任免案	无记名投票表决和举手表决	1988 年 9 月 20 日
	任免省人大常委会副秘书长;各工作委员会、办公厅正副主任;地区联络处主任以及地区中级人民法院院长;省人民检察院地区分院检察长;批准任免自治州、省辖市人民检察院检察长	举手表决	
海南省人大常委会	任免案	无记名投票、表决器表决、举手表决	1988 年 8 月 29 日
	其他议案	一般举手表决,必要时也可以用无记名投票或表决器表决	
新疆维吾尔自治区人大常委会	各项决议	一律采用举手表决	1988 年 5 月 28 日
山西省市、县、区人大	人事选举中个别的补选或增选	无记名投票或者举手表决	1987 年 5 月 15 日
	通过议案	举手表决方式或者其他方式	
	通过任免案、撤职案	无记名投票方式或举手表决	

续　表

适用主体	适用事项	选用情况	规则颁布日期
甘肃省人大及其常委会	通过地方法规	举手表决	1986 年 3 月 8 日
山西省人大常委会	通过地方性法规案	举手表决	1984 年 9 月 18 日
吉林省人大常委会	地方性法规、人事任免和其他议案等	举手表决	1984 年 3 月 24 日
河北省人大常委会	选举	无记名投票方式或者举手表决	1983 年 11 月 9 日
	通过议案		

　　地方人大及其常委会把举手表决作为主要表决方式的并不多,大多规定在 20 世纪 80 年代颁布的议事规则中。之后,举手表决往往与电子表决器表决作为共同选项,供地方人大及其常委会选择。从类别来看,人大预备会议议程中较多采用举手表决的方式,涉及人事选举和任命则较少采用举手表决,甚至一些地方人大及其常委会还兴起了"告别举手表决"的风气,取消了举手表决这种方式。

　　实际上,举手表决以其方便、快捷的优势仍然有存在的必要。例如,2020 年 2 月 24 日,十三届全国人大常委会第十六次会议就采用了特殊的举手表决方式。在会议的闭幕阶段,出于对疫情防控的考虑,投票表决时,部分全国人大常委会委员通过远程视频的方式举手表决。会议通过了《关于全面禁止非法野生动物交易、革除滥食野生动物陋习、切实保障人民群众生命健康安全的决定》;表决通过了《关于推迟召开十三届全国人大三次会议的决定》。通过视频参与会议的委员们在屏幕前举起右手,表达自己的意见,保证了会议的顺利进行。当天的新闻联播对此事进行了报道,还播出了委员们多人分格举手表决的镜头。[①]

二、无记名投票

　　在 2021 年《全国人大议事规则》《全国人大组织法》修改前,根据相关的法

---

① "全国人大常委会会议闭幕,部分委员远程视频举手表决",https://news.ifeng.com/c/7uKo0URnQDV,最后访问日期：2020 年 3 月 27 日。

律规定,我国人大及其常委会的表决方式为:举手、无记名投票、其他方式。事实上,我国人大制定和修改宪法均采用无记名投票方式,从未采用过记名投票的方式。自从电子表决器诞生以来,无记名投票几乎全部变为"电子表决器无记名投票",只有部分涉及选举和任命的事项采用纸质选票,进行无记名投票。新修改的《全国人大议事规则》规定,修改宪法采用无记名投票的方式,会议表决议案采用无记名按表决器方式。

《全国人大议事规则》规定,选举或任命采用无记名投票方式,具体办法由人大全体会议通过。因此,电子表决器虽然便捷,也可以体现"无记名"的特性,但无法提供"另选他人"的选项,法律也明确规定了无记名投票的方式,因此,全国人大进行选举和任命均采用无记名投票。

在 2021 年以前,历届全国人大会议都是由大会主席团通过表决议案的办法,如果有选举、任命的议程,还要由大会全体会议通过选举、决定任命办法,以及专门委员会主任委员、副主任委员、委员人选的表决办法。以十三届全国人民代表大会第一次会议为例,2018 年 3 月 4 日、3 月 13 日、3 月 17 日,分别由主席团和全体会议通过了三个表决办法(见表 4-5)。

表 4-5 第十三届全国人民代表大会第一次会议表决办法通过情况

通过主体	名　　　称	表决事项	表决方式
主席团	《第十三届全国人民代表大会第一次会议表决议案办法》	议案	无记名按表决器方式
		《宪法修正案(草案)》	无记名投票
全体会议表决通过	《第十三届全国人民代表大会第一次会议关于第十三届全国人民代表大会专门委员会主任委员、副主任委员、委员人选的表决办法》	专门委员会主任委员、副主任委员、委员的人选名单依次合并表决	无记名按表决器
全体会议表决通过	《第十三届全国人民代表大会第一次会议选举和决定任命的办法》	选举和决定任命	无记名投票

根据这三个办法,大会表决《宪法修正案(草案)》时采用无记名投票方式;表决其他议案时,采用无记名按表决器方式;对专门委员会主任委员、副主任委员、委员的人选名单依次合并表决,采用无记名按表决器方式进行;选举和决定任命采用无记名投票方式,可以另选他人,对表决票上的候选人只有赞

成、反对、弃权三个选择,不能另选他人。除了表决《宪法修正案》和选举任命,其他事项的表决都采用无记名按表决器的方式。大会全体会议进行选举或者决定任命时,会场设秘密写票处。

第十三届全国人民代表大会第一次会议表决方式见表4-6。

表4-6　第十三届全国人民代表大会第一次会议表决方式

表决种类	表决方式	议 决 事 项	表决方式决定主体
无记名投票	不公开	《宪法修正案(草案)》	主席团
投票(选举票)	不公开	选举中华人民共和国主席;中华人民共和国副主席;中华人民共和国中央军事委员会主席;全国人民代表大会常务委员会委员长、副委员长、秘书长;全国人民代表大会常务委员会委员;中华人民共和国国家监察委员会主任;最高人民法院院长;最高人民检察院检察长	大会
投票(表决票)	不公开	决定国务院总理人选;国务院副总理、国务委员、各部部长、各委员会主任、中国人民银行行长、审计长、秘书长人选;中华人民共和国中央军事委员会副主席、委员人选	大会
电子表决器	不公开	人大专门委员会主任委员、副主任委员、委员人选	大会
	不公开	议案	会议主席团

近年来,全国人大和部分地方人大组织投票时实行电子计票。这种计票方式减轻了工作人员统计选票的工作量,选票投入票箱后能被准确识别,如果选票上另选他人,终端也能马上识别汉字姓名。在投票过程中,如果计算机系统出现故障,投票继续进行,采用人工计票。[①] 这是计票的一种方式,不能混同于电子表决器表决。

无记名投票在保障投票人的投票自由方面具有明显优势,但是无记名投票不能与民主画等号,记名投票也不必然损害民主。虽然无记名投票能减少代表投票的压力,保障代表自由意愿的表达,但是不利于体现代表的责任意

---

① 姚丽萍:“市十四届人大一次会议电子计票系统保障有序选举”,http://sh.eastday.com/m/2013shlh/u1a7166571.html,最后访问日期:2020年3月29日。

识。当时人民大会堂在安装、改装电子表决系统过程中,也曾设想给电子表决器加盖或把电子表决器装在抽屉里,但考虑到代表、委员本来都是依法、正常行使表决权,如果给表决器加盖子或把表决器装在抽屉里反而不妥。[①] 人大代表是代表人民参政、议政的,如果每次参加会议的情况都高度保密,不接受选民监督,也不必承担任何责任和风险,是无法实现代表人民参政、议政目标的。记名投票更能体现代表的责任和担当,可以尝试在部分重大事项表决时进行记名投票。

目前,部分党内法规和军事法规规定了记名投票。《中国共产党军队支部工作条例》规定,表决采取口头、举手、无记名投票或者记名投票方式进行。《中国共产党党组工作条例》规定,表决可以采用口头、举手、无记名或者记名投票等方式进行。《中国共产党地方委员会工作条例》规定,表决可以根据讨论和决定事项的不同,采用举手、无记名或者记名投票等方式进行。党内民主高于人民民主,党内法规规定了记名投票恰恰是看到了记名投票的价值,记名投票更能体现担当意识和责任观念。

部分部门规章和规范性文件也规定了记名投票。《住房和城乡建设部关于印发全国工程勘察设计大师评选与管理办法的通知》(2019年修订)规定,全国工程勘察设计大师评选委员会组织召开综合评选会议,对候选人进行评选,采用记名投票方式,评选出本届全国工程勘察设计大师提名名单;《中国证券监督管理委员会上市公司并购重组审核委员会工作规程》(2018年修订)规定,并购重组委以记名投票方式对并购重组申请进行表决;《全国农药登记评审委员会章程》规定,委员会议和执行委员会议按照协商一致的原则评审农药产品,不能达成一致意见的进行记名投票;《教育部关于开展2018年国家级教学成果奖评审工作的通知》规定,对拟授予职业教育国家级教学成果特等奖的,通过记名投票方式进行审议决定;《主要林木品种审定办法》(2017年修订)规定,初审结果采用记名投票方式表决,2/3以上的委员赞成的,即为通过;《中国银监会行政处罚办法》(2015年修订)[②]规定,行政处罚委员会审议会议采取记

---

① 史彤彪、吕景胜、冯玉军:《中国梦与法学研究——法律实践:吕世伦教授从教六十周年暨八十华诞志庆》,武汉大学出版社2013年版,第494页。
② 2020年8月1日起,《中国银保监会行政处罚办法》施行,《中国银监会行政处罚办法》(中国银监会令2015年第8号)废止。

名投票方式。记名投票能促使投票人公正、理性地做出选择,并对自己的投票承担可能的追溯责任。

密尔曾说过,没有理由认为,无记名投票在任何场合都不比公开投票可取,但是,在政治性质的事务上,这些场合应该是例外而不是常规。[①] 随着社会民主程度的提高和公民素质的提升,可以在人大及其常委会议事中尝试记名投票。

三、电子表决器表决

电子表决器表决是我国人大及其常委会最常见的一种表决方式,"请按表决器",这是每年全国人大会议上都会响起的一句话,电子表决器表决如今已成为人大议事的重要表决方式,从全国人大到地方各级人大的议事表决中都可见它的身影。有人认为,它兼具效率和民主,应在全国各级人大机关中推广;也有人认为它造成资源浪费,有泄密的嫌疑。[②] 与美国、英国等国家的记名电子表决器不同,我国人大及其常委会采用无记名电子表决器的表决方式。

(一)相关法律规定

1986年3月举行的六届全国人大常委会第十五次会议首次采用电子表决器进行表决;1990年,七届全国人大三次会议第一次用上了电子表决器,赞成对应绿色,反对对应红色,弃权则为黄色。从此,人民大会堂大礼堂的每张桌面上都安装着一个巴掌大小的无记名电子表决器,历届全国人大都规定了电子表决器的表决方式。

部分地方各级人大及其常委会规定了电子表决器的法律地位。2004年3月24日,广州市第十二届人民代表大会第二次会议在全国首开先河,采用无线表决方式表决大会的各项议题。2015年《中共全国人大常委会党组关于加强县乡人大工作和建设的若干意见》提出,积极推进县级人大常委会全部建立电子表决系统。电子表决器已经成了全国人民代表大会和地方各级人民代表大会的重要表决方式。截至2020年3月底,新疆维吾尔自治区、江苏省、湖南省、河北省、天津市、安徽省、贵州省、四川省、辽宁省、宁夏回族自治区、云南省、福建省、重庆市、陕西省、湖北省、山西省、上海市共17个省、自治区、直辖

---

① [英]J.S.密尔:《代议制政府》,汪瑄译,商务印书馆1982年版,第149页。
② 刘好:《采用电子表决器表决的是与非》,《人大研究》2018年第7期。

市的人大及其常委会都把电子表决器表决写进了议事规则。[①]

　　电子表决器这一表决方式是实践中探索的产物，虽然已经被广泛采用，但在很长的一段时间内，《全国人大议事规则》《全国人大组织法》《全国人大常委会议事规则》均未规定采用"电子表决器表决"，直到2021年《全国人大议事规则》《全国人大组织法》通过修正案，规定采用无记名电子表决器的表决方式。

　　（二）电子表决器表决能促进民主

　　有学者认为无记名投票是"尊重投票人的自由意志的方式"，且在适用电子表决器之前采用举手方式表决的结果都是一致通过，自从1986年3月第六届全国人大常委会第十五次会议开始采用电子表决器以来，"有时几乎每项议案、包括法律案的表决，都出现弃权票和反对票"，由此得出"按电钮这种秘密投票的方式比公开举手的方式更科学，也更民主些。"[②]

　　为了促使电子表决器真正"保密"，有学者从实践出发，提出了从细节入手，改善表决器表决的措施。例如，有的人大代表提出，相对于全国人大常委会，人民大会堂的表决器的按键间隙太宽了，按键的过程容易被别人看到。另外，为了防止"泄密"，多位人大代表曾联名提案，建议为人民大会堂的投票表决器加上盖子"遮面"。[③] 电子表决器刚开始使用的时候，投票表决时按下哪个按钮，哪个灯就变暗，另外两个还在闪。代表们就有顾虑，通过灯光，别人不就知道我的意见了吗？后来，表决器做了改进，只要按下一个按钮，所有灯全灭。还有代表建议，全国人大可以考虑投票时打乱平时开会的座次。打乱座次后，当代表们按下表决器的时候，心里会更"有底"。最理想的是把程序设计成"让人可以反对而不被人知道"。[④]

　　实践中，电子表决器由于能保障投票自由，故促进了民主的达成。电子票的统计自动进行，速度快、效率高，这就杜绝了"暗箱操作"的可能性，并可以促使人们将理由提前提出来，并公开进行论证，体现了技术手段对程序的制约。[⑤] 我国人大及其常委会上使用的电子表决器表决一般是无记名的,无记名投票更能发挥代表们的自由意志和选择,这也被认为是电子表决器表决的最大优势,是对民主促进作用的重大体现。不公开的电子表决器表决可避免代表在投票时受到他人影响。西方实行记名电子表决器表决的国家,由于表决的情况实时出现在屏幕上,议员可根据显示屏上的投票状况"见风使舵",同时由于受到公众监督,议员们也可能迫于舆论和利益集团压力投票,即"昧着良心投票"。①

（三）电子表决器表决能提高议事效率

效率是议会（人大）议事中要考虑的重要因素,特别是我国的人民代表大会会期短、议决事项多,有时为了人大的议事效率甚至要牺牲其他因素。例如,陈忠林认为,以前被人诟病的"赞成不用填写选票"、只有"反对"或"弃权"才填写的投票方式,是因为受到当时电脑技术和候选人数过多等现实情况的制约,为缩短选举表决的时间不得已而采取的表决方式。②

电子表决器的表决方式在效率方面的优势非常明显。例如,在2018年十三届全国人大一次会议的闭幕会上,不到一个小时的时间内表决了七项议程。一项表决议程从交付表决到宣布表决结果还不到两分钟。③

事实上,国外的议会采用电子表决器主要出于提高表决效率的需要,"保密"的作用倒在其次,很多国家都采用记名的电子表决器表决方式,例如,美国国会的"记录投票"就采用电子表决器,每项议案的表决都有时间限制,从5分钟到20分钟不等。法国议会的电子表决器也是公开的。目前联合国的会议也多采用电子表决器进行表决,参与者只要按不同颜色的按钮,即可在电子表决器上显示并记录在案。采用电子表决器后可大大提升投票表决的效率。

（四）采用电子表决器表决面临理念上的争议

虽然无记名电子表决器表决保证了投票自由,但与代议民主下的另一理念——代议公开产生了矛盾。代议民主制中议员（代表）和选民的代表关系,要求选民知悉议员（代表）的代议行为。在直接民主难以实现的情况下,力求最大限度地反映民意,即选民首先要了解代表的作为,知道其投票的立场,否则何谈

---

① 丁孝文:《美国国会的表决机制》,《中国人大》2002年第4期。
② 朱占春:《人大制度新闻概论》,当代中国出版社2015年版,第200页。
③ "十三届全国人大一次会议闭幕会直播文字实录",http://www.xinhuanet.com/politics/2018lh/zb/20180320a/#wzsl,最后访问日期:2020年4月10日。

"代议"？因此，有学者提倡议案审议过程的公开化和表决过程的公开化，认为"公开报道包括反对票在内的表决结果，这是立法过程民主化的又一体现。"西方议会的唱名表决把表决者的姓名与投票情况公开，使公众周知，让选民知道他们选出的议员是否代表了他们的意愿，这是立法的民主公开性的一种形式。①

代议政治是责任政治，实行代议制度的各国都规定了议员（代表）向选民负责的原则，选民根据议员（代表）们的行为来决定下次的投票，而能否连任也是在任议员的重要追求。议员（代表）代表国会议决国事，不代表其个人，因此，任何意见及立场都必须让国民了解，以落实其代议的身份与职责。我国相关法律规定，代表应该与原选区选民或人民群众保持密切联系，听取并反映人民群众的意见和要求，努力为人民服务；代表还受原选区选民或者原选举单位的监督。我国《选举法》第 46 条规定，选民或者选举单位有权罢免自己选出的代表。选民有权监督代表们的行为，这一监督应该包括代表的表决行为。如果选民对代表的行为不满意，甚至可以提出罢免。从这一角度看，无记名电子表决器的方式不利于选民对代表代议行为进行监督，也不利于责任政治的实现要求。

（五）采用电子表决器表决面临实践中的问题

除了理念上的争议，电子表决器在实践中还面临一些问题。首先，安装电子表决器的代价较高。这是一个客观存在的问题，我国各地贫富差距明显，如果要求各地加装电子表决系统，对经济落后地区而言，无疑是一笔巨大的支出，会增加人民的负担。②

其次，我国人大及其常委会的电子表决系统还缺乏相应的配套措施，例如，类似代表资格审查委员会的电子表决器审查机构。审查机构在会议召开时提前介入，监督操作人员对表决程序的设置工作，确保电子表决器的电脑在会前清盘，会后及时消除痕迹。江平先生曾回忆人大采用电子表决系统初期，有代表反对电子表决器，理由就是怀疑电子表决器的使用会将人大代表的态度永远存储

---

① 梓木等：《民主的构思——论我国人民代表大会制度的发展与改革》，光明日报出版社 1989 年版，第 128—129 页。
② 一个中等规模的县级人大采购一套电子表决器需要 35.6 万元，而一个中等规模的市级人大的一套电子表决器则高达 146 万多元。参见"永年区人大电子表决系统项目（二次）中标公告"，http://www.ccgp.gov.cn/cggg/dfgg/zbgg/201912/t20191213_13558194.htm；"潍坊市人代会电子表决系统中标公告"，http://www.ccgp.gov.cn/cggg/dfgg/zbgg/201911/t20191128_13444932.htm，最后访问日期：2020 年 1 月 22 日。

在电脑之中,谁赞成、谁反对会永远记录在案。[①] 只有做好配套工作、打消代表的顾虑才能充分发挥电子表决器的优势。另外,电子表决器也不利于缓解政治上的对立冲突。有学者在研究国外议会表决方式时指出,电子表决器的高效率也是其弊端之一,因为它能使表决瞬间通过,表决结果马上呈现,反而不利于缓解冲突。

再次,电子表决器不能用于选举和决定任命。《全国人大议事规则》规定,全国人民代表大会会议选举或者决定任命采用无记名投票方式。电子表决器没有"另选他人"的功能,不适用于选举或者表决任命。《第十三届全国人民代表大会第一次会议关于第十三届全国人民代表大会专门委员会主任委员、副主任委员、委员人选的表决办法》规定采用电子表决器表决。选举和决定任命采用无记名投票,印制 8 张选举票、3 张表决票。根据上述规定,选举票和表决票的区别在于,对表决票上的人选,代表可以表示赞成或反对,也可以弃权,但不能另选他人。选举票则可以另选他人。

最后,电子表决器不能等同于无记名投票。在乔晓阳、张春生编写的《〈中华人民共和国地方各级人民代表大会和地方各级人民政府组织法〉释义及问题解答》一书中对此进行过解释。无记名投票是通过选票表明投票人对候选人的赞同、反对、弃权意见,也可以另选他人,但不在选票上注明投票人的一种方式。虽然电子表决器表决可以是无记名表决,但不能另选他人,所以不是无记名投票。另外,与选举和任命、决定人选不同,对于选举,代表可以依法提名候选人,在投票时可以另选他人,而任命、决定人选不能另选他人。关于罢免案的表决方式没有规定,但不宜采用举手表决方式,以保证代表能够自由表达自己的意愿。[②]

四、我国香港与澳门特别行政区立法机关的表决方式

我国港澳地区实行不同于祖国内地的政治和经济制度,其立法机关的运作也不同于内地人大及其常委会的模式,但在"一国两制"条件下,人民代表大会制度是整个国家的主体制度,每年的全国人大都有港澳台地区的代表团参加。[③] 港澳地

---

① 江平口述、陈夏红整理:《沉浮与枯荣:八十自述》,法律出版社 2010 年版,第 327 页。

② 乔晓阳、张春生:《〈中华人民共和国地方各级人民代表大会和地方各级人民政府组织法〉释义及问题解答》(修订版),中国民主法制出版社 2006 年版,第 37—44 页。

③ 参加第十三届全国人大的香港地区代表为 35 名,澳门地区代表为 12 名,台湾地区代表为 13 名。中国人大网上还设有"香港全国人大代表专栏""澳门全国人大代表专栏",参见中国人大网,http://www.npc.gov.cn/,最后访问日期:2020 年 3 月 30 日。

区的立法机关的表决方式既在一定程度上具有资本主义政治制度的特点,又存在于中国社会主义主体制度中,同时还具有和祖国内地类似的文化和社会背景,因此具有重要的研究价值。

(一)香港特别行政区立法会投票表决方式

香港特别行政区规范立法机关表决方式的法律规范主要是《香港特别行政区立法会议事规则》,其中第47条规定,议题提出后,立法会主席或全体委员会主席要先请赞成的议员举手,接着,请持反对意见的议员举手,随后做出判断该议题是否获得法律所需的多数支持。如果议员质疑立法会主席或全体委员会主席的判断,可以要求进行点名表决。点名表决一般使用电子表决系统进行。《香港特别行政区立法会议事规则》第48条规定,除非立法会主席或全体委员会主席另有指示,在一般情况下,凡是立法会或全体委员会会场内设有电子表决系统可以供点名表决使用的,在进行点名表决时,都要使用电子系统进行表决。

进行点名表决时,不配备电子表决系统的会场则采用举手表决的方式。如图4-2所示,举手表决时,立法会主席或全体委员会主席先请赞成议题的议员举手,并由立法会秘书在座位表上进行记录,然后交由立法会主席或全体

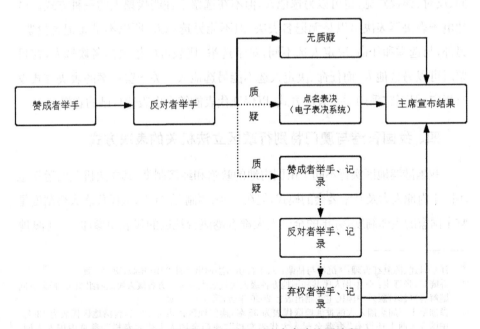

图4-2　香港特别行政区立法会表决议题流程

委员会主席读出有关议员的姓名及数目。接下来,请反对该议题的议员举手,由立法会秘书记录,并由主席宣读有关议员的姓名及数目。然后是持弃权意见的议员举手,同样进行记录并宣读姓名和数目。①

选举立法会主席有专门的表决方式。《香港特别行政区立法会议事规则》在"附表1"中专门规定了选举立法会主席的程序。该附表第8条规定,如果选举时只有一项有效提名,立法会秘书则直接宣布该名候选人当选。否则,立法会秘书将实行不记名投票。立法会秘书会给每位出席的议员分发选票,所有候选人的姓名按照获提名的先后顺序列于选票之上。该附表第10条规定,参与投票的议员在候选人姓名旁边的空格内划"√"号,并将选票放进投票箱。候选人之中得票最高的候选人当选为立法会主席。假如两名或两名以上候选人同获最高票数,将对这些候选人进行第二轮投票。如果在第二轮投票中未有候选人的得票超过其他候选人,则将以抽签方式从候选人中选定一人为立法会主席(见图4-3)。

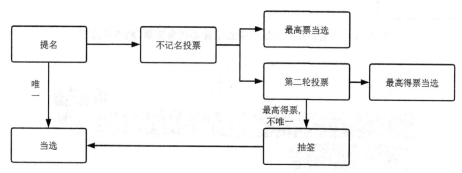

图4-3 香港特别行政区选举立法会主席流程

《香港特别行政区内务守则》在"附录IV"中详细规定了选举立法会委员会②主席及副主席的程序。首先,由一名委员口头提名,再由至少另外一名未获提名的委员口头附议,并为获提名的委员接纳。如果只有一项提名,则主持选举的委员可宣布该名候选人直接当选为委员会主席。如果有两项或更多提名,则宣布进行不记名投票,并指示委员会秘书发给每名出席会议的委员(包括主持选举的委员)一张选票。参加投票的委员在其中意的候选人编号旁边

① 《香港特别行政区立法会议事规则》,https://www.legco.gov.hk/,最后访问日期:2020年3月24日。
② 立法会委员会包括内务委员会、事务委员会、法案委员会,以及由内务委员会、一个或两个事务委员会、某法案委员会委任的小组委员会。

的空格内盖"√"印章,并将选票放进投票箱。投票结束后,委员会秘书须在全体出席会议的委员面前清点选票,并向主持选举的委员报告点票结果;经该名主持选举的委员核对,确认点票结果。主持选举的委员宣布获得有效票数最高的一名候选人当选。如果两名及两名以上候选人获得相同的最高有效票数,则主持选举的委员宣布对候选人进行抽签决定,并以抽签结果宣布该名候选人当选为委员会主席(见图4-4、图4-5和表4-7)。[①]

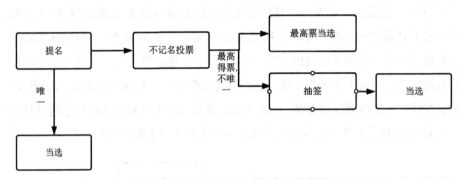

图4-4 香港特别行政区选举立法会委员会主席、副主席流程

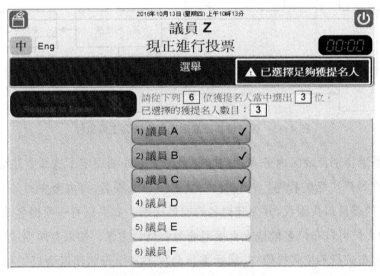

图4-5 香港特别行政区立法会议员在电子投票系统中投票[②]

---

① 《香港特别行政区立法会内务守则》,https://www.legco.gov.hk/general/chinese/hc/yr12-16/hc_rules.htm,最后访问日期:2020年3月20日。

② "议员如何表决",https://www.legco.gov.hk/education/files/chinese/Factsheet/Factsheet13.pdf,最后访问日期:2020年3月20日。

表4-7 香港特别行政区立法会投票表决方式

表决种类	表决方式	议决事项	条　件
举手表决	公开、不记名	待决议题	法律规定
电子系统点名表决	公开、记名	待决议题	议员质疑举手表决结果
举手点名表决	公开、记名	待决议题	议员质疑举手表决结果
无记名投票	不公开、不记名	选举立法会主席、副主席,以及立法委员会主席、副主席	法律规定
抽签		选举立法会主席、副主席,以及立法委员会主席、副主席	法律规定

（二）澳门特别行政区立法会投票表决方式

《澳门特别行政区立法会议事规则》规定,根据不同的表决事项采用不同表决方式,这些表决方式既有公开投票,也有无记名投票,其中第83条第1款规定的投票方式有：① 以名单或不记名方式;② 举手表示赞同或反对,不做表示者视为弃权;③ 以电子方式投票表示赞同或反对,[①]不做表示者视为弃权。第83条第2款规定,投票通常采用上款③项所规定的方式,且不得采用补充或选择性的投票方式。第84条规定以下事项采用不记名投票：① 选举;②《澳门特别行政区立法会立法届及议员章程》所规定的议决。

另外,对于其他事项,由至少九名议员申请,经全体会议议决,采用不记名投票。

《澳门特别行政区立法会立法届及议员章程》是规定立法会会期制度和议员履职情况的章程,第19条第2款、第26条第2款、第27条第2款所规定的议决以不记名投票方式,由全体议员过半数通过。

第19条第2款、第26条第2款以及第27条第2款涉及的事项有：全体会议关于立法会议员资格丧失的决定;全体会议关于立法会议员逮捕、拘留、羁押的许可决定;因议员在辖区内被提起刑事程序,全体会议就是否中止议员

---

① 这里的电子投票是记名的电子表决方式。

资格的决定。

《澳门特别行政区立法会议事规则》第 6 条第 2 款、第 14 条规定,立法会主席、副主席由议员以不记名投票方式互选产生。第 20 条规定第一秘书及第二秘书①采用与主席、副主席同样的投票方式选举产生。

《澳门议会会刊》记录了用无记名投票选举立法会主席的细节。2019 年 7 月 17 日,选举立法会主席宣布,在选票里面,大家可以用"√""＋"或者是"×"来选出一位主席,将它对折之后,放入投票箱(见表 4-8)。②

表 4-8　澳门特别行政区立法会分类表决事项

表决方式	表决方式性质	议 决 事 项	条 件
名单、黑白珠	不公开	选举;议员资格丧失;议员资格中止;议员逮捕、拘留、羁押的许可	规则和章程的规定
		其他	至少九名议员申请,全体会议议决
举手	公开、不记名	除无记名投票的其他事项	无特别条件
电子	公开、记名	除无记名投票的其他事项	最常用的方式

从上述法律规定可以看出,澳门特别行政区立法会一般采用公开的投票方式,涉及选举或者议员资格相关事项的则采用无记名方式。例如,2017 年 12 月 4 日,澳门立法会就以不记名方式表决通过中止苏家豪的议员资格。根据《澳门特别行政区立法会立法届及议员章程》第 27 条第 1 款,议员在特区内被提起刑事程序,在一定条件下,审理该案件的法官应将该事实通知立法会,由立法会决定是否中止有关议员的职务。③ 12 月 4 日,立法会以 28∶4 票通过中止苏嘉豪议员职务的决定。

澳门特别行政区立法会的议员表决情况见图 4-6。

---

① 第一秘书的权限有:核查出席人数、记录表决结果、做必要的宣读、监票、督促会刊出版、签署文件;第二秘书的权限有:协助第一秘书、代理第一秘书、监票。
② 《澳门特别行政区立法会会刊》,https://www. al. gov. mo/uploads/attachment/2020-03/529845e69efa7bbb21.pdf,最后访问日期:2020 年 3 月 20 日。
③ 于凯文:"澳门立法会中止苏嘉豪议员资格,曾参与'太阳花运动'",https://www.guancha.cn/local/2017_12_04_437758.shtml,最后访问日期:2020 年 3 月 20 日。

表决 VOTAÇÃO	:	23		
日期 DATA	:	16/03/2020	時間 HORA :	19:27:17
動議 ASSUNTO	:	引介、一般性討論及表決《工會法》法案 Apresentação, discussão e votação na generalidade do projecto de lei intitulado "Lei sindical"		

動議人 PROPONENTE(S)	:			
表決方式	:	過半數通過		
出席 PRESENÇAS	:	32		
表決 VOTAÇÃO	:	32		
贊成 A FAVOR	:	9		
反對 CONTRA	:	16		
棄權 ABSTENÇÕE	:	7		
結果 RESULTADO	:	不通過	NÃO APROVADO	
個別表決如下 VOTAÇÃOINDIVIDUALIZ				

議員	DEPUTADO	表決	VOTO
高開賢	Kou Hoi In		
崔世昌	Chui Sai Cheong	反對	Contra
陳虹	Chan Hong	反對	Contra
何潤生	Ho Ion Sang	棄權	Abstenções
吳國昌	Ng Kuok Cheong	贊成	A favor
張立群	Cheung Lup Kwan Vitor	反對	Contra
陳澤武	Chan Chak Mo	反對	Contra
區錦新	Au Kam San	贊成	A favor
黃顯輝	Vong Hin Fai	反對	Contra
高天賜	José Pereira Coutinho	贊成	A favor
崔世平	Chui Sai Peng Jose	反對	Contra
梁安琪	Leong On Kei	棄權	Abstenções
麥瑞權	Mak Soi Kun	反對	Contra
陳亦立	Chan Iek Lap	棄權	Abstenções
鄭安庭	Zheng Anting	棄權	Abstenções
施家倫	Si Ka Lon	棄權	Abstenções
馬志成	Ma Chi Seng	反對	Contra
李靜儀	Lei Cheng I	贊成	A favor

图 4-6　澳门特别行政区立法会公布的议员表决情况①

第三节　我国人大及其常委会
投票表决方式的特点

西方资本主义国家代议机关以公开表决为主,在点名表决情况下还会公布议员的表决情况。我国人大及其常委会经常采用无记名投票或无记名电子表决器表决,以不公开表决为原则,公开表决为例外,呈现了不同的特点。

---

① "一般性讨论及表决《工会法》的表决结果",https://www.al.gov.mo/uploads/attachment/2020-03/873375e703d63cb33a.pdf,最后访问日期:2020 年 3 月 20 日。

一、以无记名投票表决为主

如前所述,无记名投票、无记名电子表决器表决、举手表决是我国法律规定的表决方式的种类。实践中采用较多的是无记名投票和无记名电子表决器表决,这两种表决方式属于无记名表决,我国人大及其常委会议事主要采用无记名、不公开的表决方式,并制定了相应的制度规范来保障投票自由。

(一)设置秘密写票处

1988 年在第七届人大五次会议上,全国人大代表黄顺兴首先提出"设立秘密投票处"。他建议大会设立一些秘密写票点,以保证代表可以从容地行使自己的权利。[①]

1989 年 4 月 4 日,七届全国人大二次会议通过的《中华人民共和国全国人民代表大会议事规则》第 36 条第 2 款明确规定:"大会全体会议选举或者表决任命案的时候,设秘密写票处。"关于秘密写票处的规定是法律的一大进步,目的是充分保证投票自由。1990 年 3 月 29 日通过的《第七届全国人民代表大会第三次会议选举和决定任免办法》,首次规定了"选举时设秘密写票处,以便代表写票。"实践中,全国人大在有选举议程时都会设立秘密写票处,有修改宪法议程时往往也设立秘密写票处。全国人大的表决办法规定设立秘密写票处的情况如表 4-9 所示。[②]

表 4-9　全国人大表决办法规定设立秘密写票处统计

时　　　间	大　　　会	表决事项
2018 年 3 月 17 日	第十三届全国人民代表大会第一次会议	选举、决定任命
		宪法修正案
2013 年 3 月 10 日	第十二届全国人民代表大会第一次会议	选举、决定任命
2008 年 3 月 15 日	第十一届全国人民代表大会第一次会议	选举、决定任命
2005 年 3 月 8 日	第十届全国人民代表大会第三次会议	选举、决定任命

① 刘继兴:"人大代表黄顺兴:曾投出全国人大第一张反对票",http://culture.people.com.cn/n/2014/0313/c172318-24628735.html,最后访问日期:2020 年 3 月 28 日。

② 资料源于"北大法宝法律数据库",最后访问日期:2020 年 3 月 28 日。

续　表

时　　　间	大　　　会	表决事项
2004 年 3 月 4 日	第十届全国人民代表大会第二次会议	修改宪法
2003 年 3 月 10 日	第十届全国人民代表大会第一次会议	选举、决定任命
2001 年 3 月 9 日	第九届全国人民代表大会第四次会议	选举
1998 年 3 月 10 日	第九届全国人民代表大会第一次会议	选举和决定任命
1995 年 3 月 11 日	第八届全国人民代表大会第三次会议	选举和决定任命
1994 年 3 月 15 日	第八届全国人民代表大会第二次会议	选举
1993 年 3 月 20 日	第八届全国人民代表大会第一次会议	选举和决定任命
1991 年 4 月 3 日	第七届全国人民代表大会第四次会议	选举
1990 年 3 月 29 日	第七届全国人民代表大会第三次会议	选举

秘密写票处也面临着实践中的困境。法律规定了全国人大进行选举和决定任命时要设立秘密写票处，但是对秘密写票处的位置没有做统一规定。人民大会堂的秘密写票处在会场最后一排的小房间里，"如果你要去秘密写票，就要从座位上出来，一整排的人都要起身避让。"地方人大规定也不一致，根据全国政协委员蒋洪的讲述，上海的秘密写票处在主席台的两侧。北京的秘密写票处在座位最后的房间里。[①] 还有的地方就在会场摆张桌子，四周都没有任何遮拦，就算是秘密写票处了。

另外，由于没有强制规定到秘密写票处填写选票，选择去秘密写票处的人反而显得非常怪异。要从座位起身，可能要让一整排的人来让出通道，然后再穿过会场，来到秘密写票间。秘密写票的目的是保密，起身去秘密写票间的动作无疑是最大的"泄密"，预示你将要投"与众不同"的票。因为没有强制大家一律进入秘密写票处填写，如果进到秘密写票处填写就会给人要投反对票的印象。这样，秘密写票就变成了公开投票。谁要进秘密写票处，谁就将处于十分孤立的状况，特别是在人事选举的投票表决中，如果进入秘密投票处，就被认为不认可选票上的候选人，准备另选他人。在这种害怕被报复的心理作用下，谁也不愿意进入秘密投票处。"只要不强制

---

① 蒋洪："为何没人到秘密写票处写票"，http://news.ifeng.com/mainland/special/2014lianghui/riji/detail_2014_03/04/34409383_0.shtml，最后访问日期：2020 年 3 月 12 日。

性地要求所有投票者都一律进入秘密投票间,也就是要求谁也不能进入秘密投票间。"①

(二)保证事后无法查票

为了保证无记名投票的目的得以实现,除了采取无记名的投票方式,还要确保选票不被事后追查,全国人大及其常委会和地方各级人大及其常委会广泛采用电子表决器表决,也主要基于这一目的。刚采用电子表决系统时,这套系统的总设计师林达亮向全国人民保证,谁也不能通过这套系统查出谁投了什么票。这套系统必须是无记名的,不仅表决时查不出,而且表决之后也查不出具体投票人。②

《全国人大议事规则》没有禁止查票的相关条文,但我国在建立选举制度时曾经有明确规定。《中华人民共和国全国人民代表大会和地方各级人民代表大会选举法》于 1979 年 7 月 1 日颁布,中共中央宣传部、民政部于 1979 年 12 月颁布了《选举法宣传材料》,明确写道:无记名投票指选民在选票上不署名和不公开地填写选票,可以保证选民自由地不受任何干涉地按照自己的意志进行选举。1979 年 12 月,彭真在全国选举试点工作会议上发表讲话,对全国选举试点工作提出了几点意见:"选举要无记名投票,保证选民能够自由行使选举权利。""投票结束后,应把选票封存起来,不允许任何人查什么人投了谁的票,什么人没投谁的票,更不允许因此打击报复。"③《选举法》是规范选举全国人民代表大会和地方各级人民代表大会代表的法律,并不涉及全国人大及地方各级人大的议事规则,但全国和地方各级人大及其常委会普遍采取的也是无记名的投票表决方式,禁止查票也是全国及地方各级人大投票表决中一贯遵守的基本规则。如今全国和地方各级人大及其常委会普遍采用电子表决器表决,更能保证表决过程的不公开性,保护表决人的自由意愿。

(三)规定人大代表(委员)投票表决免责权

很多代议制国家都建立了议员免责制度,或称议员言论免责制度,指议员(代表)在代议机关各种会议上享有发言和表决不受法律追究的权利,我国也规定了人大代表或人大常委会委员有投票表决免责权。

---

① 王振耀:《迈向法治型选举的历史逻辑》,中国社会出版社 2002 年版,第 201 页。
② 李壹:《"两会"表决演变史:投豆豆到电子表决器》,《协商论坛》2014 年第 3 期。
③ 彭真:《论新时期的社会主义民主与法制建设》,中央文献出版社 1989 年版,第 41—42 页。

《中华人民共和国宪法》《中华人民共和国全国人民代表大会和地方各级人民代表大会代表法》《全国人大议事规则》《全国人民代表大会常务委员会组成人员守则》均规定,人大代表在人民代表大会各种会议上的发言和表决不受法律追究。我国第一部《代表法》于1992年4月颁布,历经2010年和2015年两次修订,但是关于代表的发言和表决免责权的条款均未修改。

除此以外,对可能出现的代表因发言、表决而招致打击报复的情形,法律也作出了限制性规定。《代表法》第32条规定,如果要对县级以上的各级人民代表大会代表采取限制人身自由的措施,要经该级人大主席团或者人大常委会许可。人大主席团或者人大常委会受理有关许可的申请时,应当审查是否存在对代表在人民代表大会各种会议上的发言和表决进行追究或者打击报复的情况,如果存在,则不予批准。

通过规定人大及其常委会采用无记名投票,实践中广泛采用电子表决器无记名投票,建立了以无记名投票为主的投票表决方式。同时,不论是法律规范还是党内法规都规定了投票表决自由,法律禁止对投票表决行为进行打击报复,这些法律规范和政治实践惯例体现和保证了人大及其常委会投票表决的不公开、无记名的特点。

法律规定的无记名投票在实践中也曾遇到困境。每次全国人民代表大会都会由大会全体会议通过选举和决定任命的具体办法,从而可能影响表决方式的具体形式。例如,有的规定赞成不动笔,只有反对或者弃权时才在选票上涂写,这样在开放的空间里,在场人员都能识别那些动笔的代表都是持反对意见的,使无记名投票形同虚设。2013年3月14日上午9时,十二届全国人大一次会议在人民大会堂举行第四次全体会议,议题有表决议案和选举。大会执行主席、主席团常务主席宣读写票注意事项时说,代表如果赞成选票上的候选人,请不要做任何标记;如果对选票上的某位候选人表示反对或者弃权,请用选举专用笔把该候选人姓名后相应的填涂框内涂满。[1]在有工作人员的会场上,动笔就意味着不赞成选票上的候选人。当时可能出于提高表决效率的考虑,但这样的做法已经实质上改变了法律明确规定的表决方式。新修订的

---

[1]　"十二届全国人大一次会议第四次全体会议文字实录",http://china.caixin.com/2013-03-14/100501284.htm,最后访问日期:2020年3月4日。

《全国人大议事规则》删除了人大主席团决定"表决议案的办法"的规定。

二、尚不具备普遍性公开投票的社会共识和环境

（一）人大及其常委会议事公开制度尚待完善

基于代议制度的责任政治原理，代议机构的运行应该向人民公开，以保证国民对议会的监督，也便于国民对议员或代表的追责。代议机关公开表决正是代议公开制度的一个重要环节。如果没有整个议事公开制度的支持，投票表决公开很难独自运行，即使勉强运行，也将丧失它原本的意义。

《中华人民共和国各级人民代表大会常务委员会监督法》第 7 条规定："各级人民代表大会常务委员会行使监督职权的情况，向社会公开。"同时，第 14、20、23、27 条规定，各级人大常委会的各项审议意见、年度执法检查计划、执法检查报告及审议意见等都要向社会公布。

《中华人民共和国立法法》第 5 条规定，立法要发扬社会主义民主，坚持立法公开，并保障人民能通过多种途径参与立法活动。

最早对人大议事公开制度进行较详细规范的是 1989 年颁布的《全国人大议事规则》。根据王汉斌《关于〈中华人民共和国全国人民代表大会议事规则（草案）〉的说明》，《全国人大议事规则》制定了关于议事公开的内容，目的是增加全国人大会议的开放程度，体现政务公开的精神。王汉斌指出，该草案除规定全国人大会议一般公开举行外，还进行了以下规定：① 在全国人大会议期间，对代表的各种发言整理简报印发会议，并可以根据本人要求，将发言记录或者摘要印发会议。② 大会全体会议设旁听席。③ 对全国人大选举或者决定任命的表决情况进行公布，候选人的得票数、表决的结果都应当公布。④ 全国人大会议举行新闻发布会、记者招待会。这些规定都体现了议事公开的要求，特意把议事公开写在草案说明中。

议事公开制度也是 2021 年新修订的《全国人大议事规则》的一大亮点。除了保留了原《全国人大议事规则》中会议公开举行的规定，该规则还增加了公开全国人民代表大会会议议程、日程和会议情况的要求，规定代表在各种会议上的发言可以整理成简报，并新增了会议简报、发言记录或者摘要可以是电子版的规定。第 18 条还增加了发言人制度，规定全国人民代表大会会议设发言人，代表团可以根据需要设发言人。秘书处可以组织代表和有

关部门、单位负责人接受新闻媒体采访,代表团可以组织本代表团代表接受新闻媒体采访,增加了大会全体会议通过广播、电视、网络等媒体进行公开报道的规定。

实践中,议事公开制度的落实情况不容乐观。例如,各级人大及其常委会的新闻报道制度还不规范。实际上,在新闻报道中以适当的方式公开会议现场的一些人事任免、表决结果等情况,对宣传人大制度、引导舆论达成共识是很有意义的。① 另外,人大会议对外公布的情况也非常有限,《全国人大议事规则》规定,大会期间的代表发言整理成简报能起到代表们内部信息公开、交流的作用,但是会议对外公布的渠道和内容较为有限,应该逐步建立人大会议记事录制度。公布记载会议情况的记事录,不仅能真实地还原会场的情况,而且还能对公民的政治意识和政治参与起到教育作用,以提升我国社会主义民主的水平。

多数地方人大常委会规定可以安排公民旁听人大常委会会议,但是多限于审议地方法规事项(见表4-10),公民可以普遍性地旁听人大或者人大常委会会议的并不太多,特别是规定公民可以旁听地方人大会议的更少。四川省人大及其常委会、吉林省人大常委会、湖南省人大常委会、黑龙江省人大常委会、内蒙古自治区人大常委会、安徽省人大及其常委会、南昌市人大常委会专门制定了公民旁听人大常委会的细则。②

表4-10 地方人大及其常委会议事规则规定"公民旁听"情况

机 构 名 称	旁 听 事 项	条 件
四川省人大及其常委会	会议	依法申请
山东省人大常委会	会议	根据需要
河北省人大常委会	全体会议或者联组会议	常委会邀请
西藏自治区人大常委会	常务委员会会议	常务委员会主任会议认为必要
安徽省人大及其常委会	省人大全体会议,常务委员会全体会议、联组会议	依法申请

---

① 刘松山:《对修改全国人大及其常委会组织法及议事规则的若干建议》,《中国法律评论》2019年第6期。

② 统计标准为在《地方人大及其常委会的议事规则》中规定,公民可以普遍性旁听人大及其常委会会议,而不仅限于审议地方立法议案。

机 构 名 称	旁 听 事 项	条　　件
南昌市人大及其常委会	常委会会议	公民申请或单位推荐
内蒙古自治区人大常委会	常委会全体会议,不旁听分组会议	单位推荐
重庆市人大常委会	常委会全体会议	依法申请
广西壮族自治区常委会	常委会会议	个人申请、单位推荐或者常委会办事机构邀请
贵州省人大常委会	常委会会议	依法申请
北京市人大常委会	常委会会议	依法申请
浙江省人大常委会	常委会会议	主任会议决定
杭州市人大常委会	常委会会议	常委会组织
黑龙江省人大常委会	常委会会议	主任会议决定
辽宁省人大常委会	全体会议和联组会议	主任会议决定
陕西省人大常委会	公开会议	主任会议决定
湖南省人大常委会	全体会议和联组会议	常委会主任会议
吉林省人大常委会	全体会议、分组会议或者其他会议	公民申请、省人大各专门委员会、省人大常委会各办事部门邀请、国家机关、群众团体、企业事业单位和基层组织旁听
长春市人大常委会	常委会会议	主任会议同意

　　最后的表决公开固然重要,但是如果会议的讨论过程不透明、表决的结果不公开,表决公开就因为没有公开的对象而丧失了意义。在议事公开制度还不健全的时候,表决公开是无根之木、无源之水,应根据现实情况稳步推进。

　　(二)对公开投票存在误解

　　关于无记名投票和公开投票哪个更民主、更科学,各国的学者众说纷纭,没有得出"真理性"的定论。有的支持无记名投票以保护议员的法定代表地位;有的则严厉批评,认为议员背弃了对选民的承诺,与民主原则不合,所谓对人投票不公开只是"绅士议会"时代的"化石"。[①]

---

① 陈英钤:《亮票与议会自主》,《台湾法学》2015年第2期。

在我国,几乎是"一边倒"地支持无记名投票。我国民众普遍对公开投票缺乏好感,通常会把无记名投票和民主画等号,认为公开投票就意味着限制投票自由。在面临强权压力时,人们往往因缺乏直接表达与强权相左的观点才会违心地举手,但是表决方式只是一系列政治活动中的一个环节,并不是决定性环节。如果权力足够强大,即使是无记名投票的方式也不能阻止它控制选票。[①] 况且,不受控制的权力是可以通过表决方式决定的,它可以选择一个比较容易控制和操作、更有把握的方式。因此,给无记名投票赋予太高的价值并不妥当。

对公开投票的误解可能与混淆人大代表(委员)的投票表决和选民的选举投票有关。选民的选举投票属于个人意愿的表达,为了保护自己的隐私,或者免受外部的投票压力,最好使用无记名方式,这样有利于表达自己的真实意愿。代表(委员)的投票不是完全的个人行为,代表(委员)投票表决并不只是表达自己的观点,而是代表他(她)身后广大人民的意愿,要体现对人民的责任。从这个意义上说,代表(委员)就是要为了人民承受可能面临的外部压力。如果议会成员(人大代表)害怕冒个人名誉、利益、地位损失的风险,缺乏在众目睽睽之下代表人民和明确表明自己态度的勇气,他(她)就不配做一个人大代表。[②]

三、推行无记名投票表决的原因

(一)受马克思列宁主义关于国家机构的理论影响

马克思主义国家学说对资产阶级议会制进行了深刻的批判,马克思曾经尖锐地指出:"资产阶级口头上标榜是民主阶级,而实际上并不想成为民主阶级,它承认原则的正确性,但是从来不在实践中实现这些原则。"[③]

列宁认为资产阶级政权标榜公民有无差别投票和参与国家事务的权利,但"民主共和制、立宪会议、全民选举等实际上是资产阶级专政。"[④]它"始终受到资本主义剥削制度狭窄框子的限制,因此,它始终只是供少数人、有产阶级、

---

① 蔡定剑:"公开竞争和秘密投票方能避免贿选",http://www.aisixiang.com/data/27787.html,最后访问日期:2020年3月28日。
② 李建新:《举手表决应该取消吗? ——人大表决方式研究》,《人大研究》2004年第6期。
③ 《马克思恩格斯全集》(第七卷),人民出版社1959年版,第589页。
④ 《列宁选集》(第三卷),人民出版社1995年版,第209页。

富人享受的民主制度。"①

另外,马克思也批判了资产阶级议会制的低效率,讽刺其为只说不干的"清谈馆"。马克思认为,在资产阶级共和国里,"行政权形式和议会形式之间所进行的无聊斗争"②是虚伪的。

基于以上考量,马克思和列宁认为无产阶级的国家政权具备以下特点:① 代议机构同时监管行政和立法,而非资产阶级议会式的"清谈馆";② 代议机构由选民直接选举产生,受人民监督,并可以随时撤换;③ 代议机构掌握一切社会生活事务的决定权。③

列宁提出要建立"真正代表民意"的新制度,认为代表机构必须按普遍、平等、直接、无记名投票,并在充分保障竞选自由的条件下由选举产生。列宁说:"为了建立共和制,就绝对要有人民代表的会议,并且必须是全民的(按普遍、平等、直接和无记名投票的选举制选出的)和立宪的会议。"④

这些理论对我国人民代表大会制度影响深远,特别是"普遍、平等、直接和无记名投票"等原则成了民主的象征,被认为是一种完美的决策方式。中国共产党人在政权组织初期没有区分公民选举和代议机关议事中的表决方式的不同,都采用了无记名投票这种表决方式。早在陕甘宁边区时期,共产党就建立了边区政府参议会制度。毛泽东在《论联合政府》中提出,要经过"自由的无拘束的选举",召开国民大会,成立统一正式的联合政府。同时,在陕甘宁边区开展的"豆选"成为民主选举的典范。

(二) 在陕甘宁边区的革命政权建设中,无记名投票深得人心

"20 世纪 40 年代,中国共产党在解放区竖起了民主、自由的大旗,通过选举成功地动员了农民,将农村治理权从士绅、地主的掌控中转移到农民手中。这场争夺农村政权运动为共产党在国内赢得了民心,在国际上更得到了很多同情和支持。"⑤没有无记名投票,金钱、暴力会渗入选举,民意有被有权有势的一方所挟持的危险,如此一来,就没有公平、公正的选举,也没有了民主。⑥

---

① 《列宁选集》(第三卷),人民出版社 1995 年版,第 245 页。
② 《马克思恩格斯全集》(第五卷),人民出版社 1959 年版,第 224 页。
③ 蔡定剑:《中国人民代表大会制度》,法律出版社 1998 年版,第 5 页。
④ 《列宁选集》(第一卷),人民出版社 1995 年版,第 534—535 页。
⑤ 牛铭实、米有录:《豆选》,中国人民大学出版社 2014 年版,第 3 页。
⑥ 牛铭实、米有录:《豆选》,中国人民大学出版社 2014 年版,第 4 页。

　　美国记者贝尔登曾于 1947—1948 年在中国华北农村进行了一年多的采访,经过调查,他认为解放区的民主比国统区做得好,所以,共产党战胜了国民党。国民党和蒋介石一再宣称,中国人民还没有准备好,不能实行民主,必须经过一个训政时期。而边区政府副主席戎伍胜说:"如果人民过一种民主的生活,他们的习惯自然会改过来,只有在民主的实施中,你才能学习民主。"[①]

　　当时的人们普遍认为,"解放军用豆选,国民党选乡长、保长用炮选,就是地主恶霸打炮,争当乡长,豆选和炮选,说明了谁是真民主,谁是假民主。"[②]

　　美国外交官谢伟思曾经到延安访问,他对边区的投票民主给予了高度评价,"只有在获得根据地民众支持的情形下才是可能的。在那种特定的环境下,中共所获得的广泛支持,实际上意味着中共的政策和方法具有民主的特色。"[③]

　　1937 年 5 月,中华苏维埃西北办事处公布了《陕甘宁边区议会及行政组织纲要》和《陕甘宁边区选举条例》,确定陕甘宁边区实行议会制(1938 年 11 月改称为参议会),规定各级议会议员由选民直接选举产生,政府组成人员由议员选举产生。

　　无记名投票被认为是倡导民主的先进形式,其如此深入人心,深刻影响了中华人民共和国成立后的各级人大及其常委会的表决制度,即在公民选举领域和人大议事过程中都建立了无记名投票为主的表决制度。

---

① ［美］杰克·贝尔登:《中国震撼世界》,邱应觉等译,北京出版社 1980 年版,第 95—97 页。
② 史红军:《巴山英魂》,解放军出版社 1987 年版,第 155 页。
③ 牛铭实、米有录:《豆选》,中国人民大学出版社 2014 年版,第 147 页。

第五章

完善我国人大及其常委会
投票表决方式的设想

按照西方代议制民主的理论,代议制国家的议会一般采用公开表决的方式。我国人大及其常委会为我国的代议机关,一般采用无记名的方式进行投票表决,这是历史形成的,也与民众的普遍认知相关,无记名投票表决的方式基本符合我国人大制度运行的实际。同时,我国人大及其常委会的表决程序还有很多可完善的空间,梳理并尝试解决现有各级人大及其常委会表决程序存在的问题,对完善我国人大制度、加快中国特色社会民主进程将大有裨益。

第一节　完善人大及其常委会投票表决方式的法律制度

一、由法律固定表决方式

（一）整合法律规范,进行统一规定

规定全国人大及其常委会表决方式的主要是《全国人大议事规则》《全国人大组织法》《全国人大常委会议事规则》,这三部法律规定的表决方式并不一致。《全国人大议事规则》区分了"选举任命"事项和"议案表决"事项,针对不同的表决事项采用相应的表决方式;1982年的《全国人大组织法》和2009年的《全国人大常委会议事规则》则没有做区分。

另外,相关法律没有确定大会的投票表决方式,而是赋权给人大主席团决定。1982年的《全国人大组织法》第18条规定,全国人民代表大会会议进行选举和通过议案,由主席团决定采用无记名投票、举手表决或者其他方式。1989年的《全国人大议事规则》规定主席团可以决定表决议案的办法,选举任命的具体办法由全体会议通过。两部法律文件对人大主席团的决定权限的规定也不一致。1982年的《全国人大组织法》规定,主席团可以决定选举案和法律议案投票表决的方式,而1989年的《全国人大议事规则》则规定人大主席团只能决定表决法律议案的具体方案,选举和任命的具体办法由全体大会通过。

2021 年，全国人大修改了《全国人大组织法》《全国人大议事规则》，对上述两个问题进行了规范。新的《全国人大议事规则》删除了"会议表决议案采用投票方式、举手方式或者其他方式，由主席团决定"这一规定，对选举和任命案、法律议案的表决方式进行了规定。由法律规定投票表决的方式，而不是赋权人大主席团决定，这就符合了主席团作为会议主持者的法律定位，也体现了法律的统一性和稳定性。新修订的《全国人大组织法》删除了由主席团决定选举任命和表决议案的投票表决方式的条文，规定由主席团提出选举和决定任命的办法草案。这意味着两部法律对投票表决方式的规定已经统一，修改《全国人大常委会议事规则》已列入全国人大常委会立法工作计划，三部重要法律有望达成一致。

（二）由法律固定表决方式

2021 年《全国人大议事规则》以修正案的方式确定了人大会议的投票表决形式。修订前的《全国人大议事规则》规定，每一次人大会议都要出台表决议案办法、选举和决定任命的办法等，这就意味着大会的表决方式都是临时由人大主席团提出或决定的。[①] 主席团基于何种理由、经过哪种程序做出选择，法律没有规定，在选用表决方式时的考量因素也没有具体规定。这样每次会议都有更改表决规则的可能，尽管每次大会都比较注意遵循以往的惯例，但毕竟缺乏制度建设的稳定性也不利于形成细致、严密的规范。人大议事中的表决方式是重大的宪法性程序，应该整合现有法律规定，作出固定的模式规定。

1989 年的《全国人大议事规则》第 53 条规定，宪法的修改采用投票方式表决，但是法律没有规定是否采用无记名投票方式，实践中，数次宪法修正案的表决方式均由主席团提出并通过。一般在《会议表决议案办法》中以"附件"形式作出"关于投票表决中华人民共和国宪法修正案草案有关事项的说明"。修改宪法是重要的政治法律事件，应遵守严格的法律程序，2021 年修订的《全国人大议事规则》明确规定，宪法的修改采用无记名投票方式，体现了法律规定的统一性和规范性（见表 5-1）。

---

① 《全国人大议事规则》规定，选举和决定任命的办法由全体大会通过。

表 5-1 通过宪法修正案的投票表决方式①

时 间	来 源	通过主体	投票表决方式
1993 年	第八届全国人民代表大会第一次会议表决议案办法	主席团	无记名投票
1999 年	第九届全国人民代表大会第二次会议表决议案办法	主席团	无记名投票
2004 年	第十届全国人民代表大会第二次会议表决议案办法	主席团	无记名投票
2018 年	第十三届全国人民代表大会第一次会议表决议案办法	主席团	无记名投票

二、完善举手表决的程序

我国人大及其常委会缺乏对举手表决的具体程序规定。举手表决中是由专门的工作人员对代表们的举手情况进行统计,还是由大会执行主席"目测"哪方意见的赞成人数较多? 根据我们之前回顾中华人民共和国建立初期第一届政治协商会议的召开情况来看,当时的工作人员是一个个数的,并且"数了三遍",但是在法律文件中没有作出具体规定,实践中也没有形成先例和习惯。

2004 年 1 月 17 日,上海《青年报》发表一篇文章,对上海市人大采取举手表决的程序提出质疑。作者称,上海市十二届人大二次会议在 2004 年 1 月 16 日下午闭幕。根据有关部分公布的信息,在该次会议上,应到代表 864 人,实到 831 人,代表以举手表决的方式通过了上海"一府二院"的有关工作报告。作者对这些信息提出疑问:"是到会的 800 多人一致通过,还是符合法定人数的多数通过? 如果不是全票通过,那其中有多少人对'一府二院'工作报告觉得不满意,因此投了弃权或反对票"? 最后,作者发出感叹,想问上海的相关负责部门:"举手表决通过"是怎么通过的?②

上述新闻体现了民众对举手表决的不信任,这个不信任的原因还是举手表决欠缺具体的适用规则。根据前文分析,近年来,全国人大采用举手表决的情况不多,最近的一次是 1988 年曾采用举手表决通过议案和通过人大各专门

① 资料来源:"北大法宝法律数据库",其中 1988 年《宪法(修正案)》的表决情况缺失。
② 周义兴:"举手表决通过是怎么通过的"? http://news.sina.com.cn/o/2004-01-19/00421618281s.shtml,最后访问日期:2020 年 3 月 27 日。

委员会组成人员的人选。部分地方人大及其常委会仍然经常采用举手表决的方式。举手表决有高效、便捷的优势，只要对其适用规则进行细化和规范，仍然可以被各级人大广泛采用。2020 年 2 月召开的十三届全国人大常委会第十六次会议就采用了举手表决的方式。这次会议是一次特别的会议，由于疫情关系，部分人大常委会委员通过远程视频参会，并通过举手参与表决，当天的新闻联播还播出了委员们多人分格举手表决的镜头。

笔者建议立法部门可借鉴《罗伯特议事规则》，采用举手表决的程序为：主席（主持者）先请赞成方举手表决，然后再请反对方举手表决，最后由主席判断获胜方。如果表决结果不明朗，主席或者其他成员可以提议以起立的方式重新表决，必要时还要进行计数。[①] 按照《罗伯特议事规则》规定，举手表决一般是不明确计数的，只有在主席难以直观判断的情况下才进行计数。

三、完善秘密写票处的程序

1989 年 4 月 4 日，七届全国人大二次会议通过的《人大议事规则》第 36 条第 2 款明确规定："大会全体会议选举或者表决任命案的时候，设秘密写票处。"关于秘密写票处的规定是法律的一大进步，目的是充分保证投票自由。

2010 年《选举法》修改，其中第 38 条规定：全国和地方各级人民代表大会代表的选举一律采用无记名投票的方法，"选举时应当设有秘密写票处。"

设立秘密写票处由于缺乏具体的程序规则，在实践中并没有起到预期的效果。当时设立秘密写票处的初衷是保证投票自主，具有积极的政治意义。由于缺乏配套的技术设计，秘密写票处的积极作用并不明显。有人建议对人大开会期间秘密写票处的使用情况进行统计，如果使用频率过低，建议取消这一规定，毕竟人大常委会也没有规定设立秘密写票处。[②]

如果继续保留秘密写票处，就要完善与此相关的具体设计，使设立秘密写票处的目的通过具体的程序规则来实现。秘密写票处要想真正发挥作用，不是在会场设置一张"秘密写票桌"或者"秘密写票间"那么简单。写票间只是提

---

① ［美］亨利·罗伯特：《罗伯特议事规则》（第 10 版），袁天鹏、孙涤译，格致出版社、上海人民出版社 2008 年版，第 289—290 页。

② 刘松山：《对修改全国人大及其常委会组织法及议事规则的若干建议》，《中国法律评论》2019 年第 6 期。

供了必备的物质条件,怎么使用这个秘密写票间、投票人要不要全部进入写票间写票,这些具体的程序规则才是使秘密投票间发挥作用的关键。建议法律继续对人大秘密写票处的具体规则进行完善,例如要求所有投票人都要进入写票间填写选票,但是这样又会影响投票的效率。如何平衡多方关系、妥善处理矛盾,还要进行具体调研,并做出可行性论证。

第二节　党员人大代表(委员)投票
表决的党纪和法律的衔接

我国法律规定了人大代表(委员)有投票表决的免责权,这就涉及一个重大问题:既是人大代表(委员),又是党员的政治责任问题。作为人大代表(委员)在法律上享有投票免责权,但是作为党员又有实现党的主张的责任,这二者有没有矛盾? 如果发生了冲突会不会面临党纪处分? 这是现实中存在的真实问题,值得我们在理论上进行探讨。

一、党员人大代表(委员)投票表决时遵守党纪,是实现党的领导的重要保障

党的主张要通过人大及其常委会上升为国家意志,需经过人大及其常委会的代表委员的审议表决,特别要靠人大代表委员中的党员来实现,实现党的领导必然对党员人大代表(委员)有投票纪律的要求。党员人大代表(委员)在代表大会和常务委员会会议上的各种发言和表决虽然依照宪法和法律规定不被追究法律责任,但这并不意味着可以不受党内民主集中制的约束。他们应当首先遵守党内民主集中制,在权力机关的审议和表决中贯彻党内民主集中制的要求,使党的主张在人民民主中得到充分贯彻,这是保证党实现领导的根本手段。[①]

"党是通过自己的党员和党组织领导国家机关",[②]国家政权机关的党员对实现党的领导有重要意义,我们党对政权机关的党员是有纪律要求的,党

---

① 刘松山:《党内民主集中制在人民民主中的运用》,《政治与法律》2006 年第 5 期。
② 《董必武选集》,人民出版社 1985 年版,第 307 页。

在人大及其常委会设立党组统一党员的认识,党员要带头服从党的大局并做党外人士的工作,甚至可以说,"之所以各级人大常委会组成人员中百分之六七十都是中共党员,就是为了能够保证党的意图在人大的贯彻落实。"①

中国共产党从成立之初就是一个有着严明纪律的无产阶级政党。中华人民共和国成立后,中国共产党实现了由革命党到执政党的转变,明确提出要确保党的领导必须强调党的纪律。1956年,邓小平在中共八大上做《关于修改党章的报告》,并指出巩固我们党的团结、维护我们党的统一,这不仅是我们党的利益,而且也是全国人民的利益。他特别强调了在国家机关中工作的党员和党组要服从党的领导,并提出以下要求:一是在国家机关工作的党员必须服从党的统一领导;二是国家机关的党组必须负责在同党外人士完满合作的条件下,实现党所做出的这些决定;三是党必须认真地、有系统地研究国家机关工作的情况和问题,并且对于国家机关的工作进行经常的监督。② 强调党组织对党员的领导、国家机关党组要贯彻党的决定、国家机关要接受党的监督。

中国共产党规定了严明的政治纪律和政治规矩。《中国共产党党章》规定,党员有如下义务:自觉遵守党的纪律,首先是遵守党的政治纪律和政治规矩。党的十八大以后,以习近平同志为核心的党中央多次强调,党员干部要遵守政治纪律和政治规矩。习近平指出,"严明党的纪律,首要的就是严明政治纪律。党的纪律是多方面的,但政治纪律是最重要、最根本、最关键的纪律,遵守党的政治纪律是遵守党的全部纪律的重要基础。""政治纪律是各级党组织和全体党员在政治方向、政治立场、政治言论、政治行为方面必须遵守的规矩,是维护党的团结统一的根本保证。"③

习近平总书记指出了某些违反党的政治纪律的"七个有之","一些人无视党的政治纪律和政治规矩,为了自己的所谓仕途,为了自己的所谓影响力,搞任人唯亲、排斥异己的有之;搞团团伙伙、拉帮结派的有之;搞匿名诬告、制造

---

① 吴邦国:《吴邦国论人大工作》(上),人民出版社 2017 年版,第 280—282 页。
② 中共中央文献研究室:《毛泽东　邓小平　江泽民论党的建设》,中央文献出版社、中共中央党校出版社 1998 年版,第 288—289 页。
③ 习近平:《严明政治纪律,自觉维护党的团结统一》,《十八大以来重要文献选编》(上),中央文献出版社 2014 年版,第 131—132 页。

谣言的有之；搞收买人心、拉动选票的有之；搞封官许愿、弹冠相庆的有之；搞自行其是、阳奉阴违的有之；搞尾大不掉、妄议中央的也有之。"①这些行为都是严重违反我们党政治纪律和政治规矩的，对党的领导力和凝聚力危害极大，其中包括在投票表决时试图影响投票意愿的行为，严重违反了政治纪律和政治规矩。

习近平总书记多次强调投票时的政治纪律。他在十八届中央纪委二次全会上发表讲话《严明政治纪律，自觉维护党的团结统一》，并指出，"现代政党都是有政治纪律要求的，没有政治上的规矩不能称其为政党。就是西方国家，主要政党在政治方面也是有严格约束的，政党的重要成员必须拥护本党的政治主张、政策主张，包括本党的意识形态。大家注意看就知道，西方国家议会投票，往往是政党壁垒分明，一个党的议员要不就是都反对，要不就是都支持。这说明了什么？不就是各党对自己的党员有政治上的约束嘛"！②习近平总书记的这番话以西方国家为例，明确指出了现代政党普遍存在投票纪律和要求。中国共产党作为纪律严明的马克思主义政党，在重大立法和人事选举事项上，党员人大代表（委员）和党组织保持一致就是一种政治纪律。

二、对党员人大代表（委员）违背党组织意图的投票表决行为没有明确的纪律处分

2018 年修订的《中国共产党纪律处分条例》（以下简称《纪律处分条例》）明确了对政治纪律、组织纪律、廉洁纪律、群众纪律、工作纪律和生活纪律等六类违纪行为的党纪处分，没有提到投票纪律。③人大的立法工作是政治性很强的工作，如果投票表决行为违反了党纪，很可能触犯的是政治纪律。

《纪律处分条例》在第二编"分则"部分的第六章专门规定了对违反政治纪律行为的处分，第 44—69 条规定了"在党内搞团团伙伙、结党营私、拉帮结派、培植个人势力等非组织活动"等违反政治纪律的行为。在 2018 年修订时又新

---

① 习近平："在中央十八届四中全会第二次全体会议上的讲话"，http://theory.people.com.cn/n1/2016/0203/C40531-281085388.html?t=1469538359192，最后访问日期：2021 年 11 月 20 日。

② 中共中央文献研究室：《十八大以来重要文献选编》（中），中央文献出版社 2016 年版，第 132 页。

③ 现行党章和其他党内法规没有规定"投票纪律"这一纪律类别，此处仅进行理论探讨和设想。

增了"在重大原则问题上不同党中央保持一致且有实际言论、行为或者造成不良后果";"对党不忠诚不老实,表里不一,阳奉阴违,欺上瞒下,搞两面派,做两面人"等重要条款。此外,破坏党的团结统一、对抗组织审查等行为都是违反政治纪律,但是没有明确包括投票表决行为。

另外一个规制党员人大代表委员的投票行为的是组织纪律。中国共产党的组织纪律包括坚持民主集中制原则、贯彻党的组织路线。规制的主要是有的党组织领导人只讲集中不讲民主,或者拒不执行和改变上级党组织的决定行为。《纪律处分条例》第70—84条规定了对违反组织纪律的十五类行为进行党纪处分。其中第75条列举了三类行为,规范了侵犯党员选举权和被选权的行为,并规定了处罚后果,情况严重的可以开除党籍。这三类行为包括:在民主推荐、民主测评、组织考察和党内选举中搞拉票、助选等非组织活动的;在法律规定的投票、选举活动中违背组织原则搞非组织活动,组织、怂恿、诱使他人投票、表决的;在选举中进行其他违反党章、其他党内法规和有关章程活动的。

第一类行为针对的是在民主推荐、民主测评、组织考察和党内选举中搞拉票、助选等非组织活动的行为,主要规范党内选举的非组织活动。第二类行为针对法律规定的投票选举活动中的不法行为,即"不贯彻组织意图,违背组织意图,组织、怂恿、诱使他人投票、表决。"这种行为严重阻碍了党组织意图的实现,对于使党的主张通过法定程序成为国家意志、使党组织推荐的人选通过法定程序成为国家机关的领导人具有极大的破坏力。[①] 这类行为侵犯的客体是公民的选举权和国家的选举制度,同时也违反了党的组织纪律。[②]

在前述"法律规定的投票选举活动"中,党员人大代表委员如果在投票表决中没有贯彻党组织意图,会影响党的主张转化为国家意志,因此,人大及其委员会的投票表决应该属于第二类行为的规范范围。但是第二类行为针对的是"组织、怂恿、诱使"他人投票的行为,这类行为主要指破坏中国共产党政治生态、非法干扰他人投票自由,甚至采取拉票贿选等非法手

---

① "党纪处分条例亮点释义",https://www.ccdi.gov.cn/yaowen/201809/t20180907_179341.html,最后访问日期:2020年1月14日。

② 王希鹏:"如何认定拉票、助选等非组织活动行为",http://www.ccdi.gov.cn/djfg/ywgw/201711/t20171116_114727.html,最后访问日期:2020年1月14日。

段的行为,并不包括党员代表委员自己的投票表决。也就是说,党的组织纪律禁止在投票表决中干涉他人的投票自由,影响投票的公正,并没有明确党员个人投票表决行为的纪律责任。从《纪律处分条例》的规定来看,党的政治纪律和组织纪律都没有明确对违背党组织意图的投票表决行为的处分。

习近平总书记提出要自觉遵守政治纪律和政治规矩,他于 2015 年十八届中纪委第五次会议上讲话时说:"对我们这么一个大党来说,不仅要靠党章和纪律,还得靠党的优良传统和工作惯例……还有,选举的时候,一些人打招呼、拉票、助选,有时不用明着干,说者无意听者有心,最后踏雪无痕,这些事情该做吗?"①对这些"踏雪无痕"的行为,靠党纪党规无法追责,但是又不符合党的惯例和传统,需要靠党员自觉以党的纪律和规矩约束自己,故对党员的党性修养提出了更高的要求。在没有明确党纪约束的情况下,如果党的成员的政治信仰、政治立场出现偏差,就会影响党的凝聚力和战斗力,影响党的执政能力和水平。

三、对人大及其常委会公开、记名投票表决类型化的尝试有助于实现党纪和法律的衔接

改变现行的人大及其常委会的投票表决方式有利于加强和改善党的领导。人大及其常委会的投票表决一般采用无记名投票方式,要判断投票人是否按照党组织的意图进行投票非常困难,要追究投票责任,往往只能追究"接受贿赂""接受拉票"的责任。习近平总书记说,要从严治党,必须明确责任、落实责任,不追究责任,从严治党是做不到的。②要追究投票责任,在公开投票情况下才是可行的。如果党员人大代表在参与议题讨论时态度不公开,投票表决也不公开进行,党纪责任就无从落实。

人大及其常委会主要的三种表决方式是:举手、无记名投票、无记名电子表决器表决。举手表决属于公开但不记名的表决方式,不会逐个记录投票人的信息。在这种投票表决方式下,无从知晓党员人大代表委员的表决情况,落

---

① 中共中央宣传部:《习近平总书记系列重要讲话读本》,学习出版社、人民出版社 2016 年版,第 151 页。
② 中共中央文献研究室:《十八大以来重要文献选编》(中),中央文献出版社 2016 年版,第 93 页。

实党纪就很困难。而无记名投票和电子表决器表决都是无记名、不公开投票，根本无从追查投票人的投票情况。即使存在明确的党纪要求，也欠缺落实的前提条件。

西方资本主义国家是执行严格投票纪律的政党，其所在的国家议会一般也采取公开投票表决的方式。在公开投票表决的情况下，议员的投票情况还会在网站上公开，民众可以查询议员的投票表决历史。即使是非点名表决一般也公开进行，会场内的党团工作人员可以进行记录，这给党团追究议员的投票责任提供了便利。在公开投票表决的情况下，政党的投票纪律更容易落实，成员们的投票表决情况能被党团掌握，为了免受党纪处罚、获得党内政治资源的支持，成员们服从政党投票要求的比例较高。

公开投票既可以提升议员（代表）的责任感，也为落实党纪提供了前提条件。当今西方主要资本主义国家的代议机关通常采用公开投票的方式，他们认为只有公开投票才能体现代议制民主的代表性和责任性。公开记名投票有利于政党纪律的实现，但可能损害民主。记名投票使得民意代表必须同时接受党团和民意双重监督。此时，如果民意和政党意图相悖，而民意代表又遵从民意进行投票，就会因违反政党意图而受到政党处分，但如果选择实现党团意图又可能违反民意。从政党的建设和发展来说，公开投票固然更有利，会使政党对其成员的约束力更强，但是当政党意图和民意体现不一致时，就难以两全其美。

我国民众对公开投票有诸多误解，再加上全面记名公开投票确实会有干扰投票意愿的可能，目前我国还不具备全面进行公开投票的条件。随着政治环境的改善和公民素质的提高，笔者认为可以尝试在人大及其常委会中增加公开投票的表决方式。从实现党的领导、人民当家作主、依法治国有机统一的目的出发，把人大及其常委会的投票方式类型化，按照议决事项不同的特点，选用公开或者无记名的投票方式，这可能是目前比较可行的方法。

类型化公开投票的尝试可以按照议决事项的不同性质分为以下种类：选举或者表决任命这类涉及人事的事项，用法律的形式固定下来，一律采用无记名的投票方式。鉴于电子表决器表决不能实现"另选他人"的功能，因此，选举或决定任命只能采用无记名投票形式，不能采用无记名电子表决器表决。对于通过《宪法（修正案）》或者其他特别重要的议案，①则采用公开、记名的投票表决方式。一般议案则不做强制性规定，可以进行公开投票的尝试，例如举手表决，但是不逐一登记投票的情况，也可以采用无记名投票表决的方式（见表5-2）。

表5-2　人大及其常委会投票表决方式类型化设想

表 决 事 项	具 体 种 类	投票表决方式
选举、决定任命	无记名投票	不公开、不记名
宪法或其他重要法律案	记名投票或表决	公开、记名
一般议案	举手或其他投票表决方式	公开、不记名
	无记名投票表决	不公开、不记名

长期以来，我们党形成了惯例，利用党组影响党员人大代表委员的投票行为，但并不强制干涉和限制，也不动用党纪进行责任追究。同时中国共产党坚持利用其执政优势，持续努力改善人民群众的生活水平，以赢得人民群众的拥护和认可，提升其执政合法性，这样的路径既能保证实现党的领导，又促进了人民民主，是适合我国国情的，故目前不宜修改党内法规，但须规定有针对性的、明确的投票纪律。如果在人大及其常委会的投票表决方式上进行改变，即使没有明确规定党纪处分也会规范党员人大代表委员投票表决行为。

四、改革人大及其常委会投票表决方式不会损害人民民主

在我国人大及其常委会广泛采用不公开的投票表决方式最主要的原因是考虑到这种方式能最大限度保障投票人的自由意志，并避免事后的打击报复，能更好实现人民民主。实际上，由于我们在党内实行民主集中制，在党外实行广泛的协商民主，所以，改善我国人大及其常委会的投票表决方式不会损害人民民主。

（一）党内外的政治生活高度重视协商民主

习近平总书记在庆祝中国人民政治协商会议成立六十五周年讲话中提到

---

① 这里指的重要议案一般指具有重大政治意义，涉及国家生活重要和根本的问题，需要设定详细的标准，防止随意扩大"重要法律"的范围。

了协商民主,并从党和国家历史发展的角度做了论述。习近平总书记指出,在人民内部广泛协商是人民民主的要求,毛泽东曾说过:"(我们的新政府)可以叫它是个商量政府",周恩来也认为,"新民主主义的议事精神不在于最后的表决,主要在于事前的协商和反复的讨论。"①在党和国家的发展历史中,体现了既注重投票的民主形式,也重视投票前的协商民主。

习近平总书记在前述大会中指出,"如果人民只有投票的权利而无广泛参与的权利,人民只有在投票时被唤醒,投票后就进入休眠期,这样的民主是形式主义"。因此,"通过选举以外的制度和方式让人民参与国家生活和社会生活的管理是十分重要的"。习近平总书记认为,选举、投票的权利和人民内部各方面在重大决策前进行协商,尽可能就共同性问题取得一致意见是中国社会主义民主的两种重要形式。②因此,人民充分的协商和讨论也是实现人民民主的重要方式。代表们有参与协商和讨论的权利,经过充分协商与讨论后形成的草案本身就凝聚了较大的共识,在表决时的通过概率更大。

曾任全国人大常委会委员长的吴邦国强调人大工作要注重协商讨论,"坚持时间服从质量的原则"。这个"质量"指的是经过充分的讨论,达成一定共识的法律草案。他说:"对分歧意见较大的法律草案,不急于交付表决,不简单地以少数服从多数来决定问题,而是耐心地进行充分的研究论证,与各方面反复协商"。"在各方面基本取得共识后,再启动表决程序。"③2008年在十届人大常委会工作报告中,吴邦国再次指出,"要认真听取人大代表和常委会组成人员的意见,包括不同意见……在基本达成共识的基础上依法表决。"④

在实践中,对重大事项进行讨论和发表意见的权利与对重大事项的决策进行表决的权利同样重要,没有经过充分讨论、商议的表决并不能体现民主。我国的全国人大在对议案进行讨论议决时,一般要经过"三读"才交付表决,在讨论中广泛吸收代表们的意见,进行了反复修改,这一讨论过程本身就充分体

---

① 习近平:"在庆祝中国人民政治协商会议成立 65 周年大会上的讲话",http://cpc.people.com.cn/n/2014/0922/c64094-25704157-4.html,最后访问日期:2021 年 11 月 20 日。
② 习近平:《习近平谈治国理政》(第二卷),外文出版社 2017 年版,第 291 页。
③ 吴邦国:《吴邦国论人大工作》(上),人民出版社 2017 年版,第 123 页。
④ 吴邦国:《吴邦国论人大工作》(下),人民出版社 2017 年版,第 423 页。

现了人民民主。

（二）党的民主集中制保障了党内意见的充分表达

党的七大第一次在《中国共产党党章》（以下简称《党章》）中规定了民主集中制是党的组织原则，提出了四个服从原则："党员个人服从所属党的组织，少数服从多数，下级组织服从上级组织，部分组织统一服从中央。"此后的历届党代会通过的《党章》都坚持了这原则。党的十五大把这一原则修改为："党员个人服从党的组织，少数服从多数，下级组织服从上级组织，全党各个组织和全体党员服从党的全国代表大会和中央委员会。"现行《党章》也规定了这一原则。

民主集中制是中国共产党的根本组织原则和领导制度，在集体领导制下，党的组织意图也是经过充分发扬民主而形成的，一旦根据"少数服从多数"形成了党的决议和决策，党员人大代表（委员）就要服从这种党内集中，以保障党的领导的实现。同时，在尚未形成统一的党组织的决议前，党员人大代表（委员）的意见要得到充分实现，这样才能在集中前实现充分民主，形成更科学和民主的决策。

有人认为，作为裁定原则的"少数服从多数"强调的是在表决中以多数赞同为规则，决议通过以后，少数可以保留意见，甚至可以不同意决议。作为党的组织纪律，"少数服从多数"强调的是党的决定和决议以多数裁定形成以后即形成了党的整体意见和意志，党员必须无条件服从，有意见可以保留。意见可以通过其他的党内渠道表达，但不能因此反对党的决定或决议。因此，"少数服从多数"作为裁定原则强调的是拥有表决权利的个体表达意志的行为，作为政治纪律是组织对个人行为的基本要求。[①] 正是依靠党员充分表达意见才形成党的决议，但是一旦形成决议，每个党员都要遵守。

判断一项制度是否先进、民主，最重要的是看其是否最大限度地保障了人民民主。我们的政党制度和政治制度都不同于西方，中国共产党人除了人民利益之外没有自己的特殊利益，我国人大及其常委会的投票表决方式也有鲜明的特点。完善我国人大及其常委会的投票表决方式能增

---

① 林尚立：《党内民主——中国共产党的理论与实践》，上海社会科学院出版社 2002 年版，第 194—195 页。

强和改善党的领导，实现党纪和法律的衔接。由于我国存在广泛的协商民主和党内民主，能保证投票表决前经过了充分协商，使人民民主和党内民主得到最大化实现。

第三节　正确认识人大及其常委会的投票表决行为

一、客观对待投票表决的性质

（一）对公民投票和人大代表（委员）的投票表决进行区分

现代国家普遍实现了从不公开议事到公开议事的转变，议事规则也普遍采用了公开表决为主、不公开投票为辅的方式。公民投票和议员议事投票是两种重要的民主程序，为什么表决方式会有截然不同的发展方向？这是由两种投票所属的民主模式决定的。

公民投票方式和议员投票方式有不同的演变历史。公民选举投票从公开转变为现代的不公开，而议员投票形式则从不公开演变为公开。公民选举投票是直接民主的体现，更多体现了公民的权利，主要考虑的是投票自由，免受外来压力的不良影响，因此采用无记名投票。议员在议会议事中的投票代议行为主要体现向选民负责的理念，公开投票更能实现对选民负责的目的。

（二）理性对待无记名投票表决方式

采用何种表决方式与特定国家、社会的文化环境和历史传统有关，例如，我国传统儒家文化强调"中庸之道"，强调人与人之间和谐相处，对公开表达意见特别是反对意见会心存顾忌。因此，我们往往不习惯当面提出反对意见，认为只有在无记名的情况下才方便表达真实的想法，故形成了无记名投票才能体现投票自由、公开投票只能投赞成票的误解。当今西方主要资本主义国家的代议机关通常采用公开投票的方式，他们认为公开投票能够体现代议制民主的代表性和责任性。公开还是不公开成为中外表决方式理念上的最大区别。我们应从我国实际出发，理性、客观地对待无记名投票。随着我国政治环境的改善和公民素质的提高，可以尝试针对部分表决事项采用公开表决方式,并做好分项公开表决的理论研究工作。

二、提高人大代表委员的责任意识

按照前述分析,根据代议制的一般运行原理,当今社会普遍认为代议机关的表决方式应该以公开为主。我国人大及其常委会主要采用无记名投票的方式是由多种原因造成的,同时也与人大代表(委员)的态度和认识有关。

现实中有种看法认为,代表的表决行为要绝对保密才能保证投票自由,因此有人提出在电子表决器上加盖子,并缩减电子表决器上按键的距离,以防止被相邻的代表"窥见";还有人提出要打乱人民大会堂的代表座次以保证代表、委员更好地进行无记名投票。人民大会堂在安装、改装电子表决系统过程中也曾设想给电子表决器加盖子或把电子表决器装在抽屉里,但考虑到代表、委员本来都是依法、正常行使表决权,如果给表决器加盖子或把表决器装在抽屉里反而不妥。[①] 人大代表是代表人民参政议政的,如果每次参加会议的情况都高度保密、不接受选民监督,也不必承担任何责任和风险,则无法实现代表人民参政议政的目的。

人大代表(委员)只有在人大议事程序中具备责任感,才能在公开表决中做出公正的选择。我国法律规定,选民不仅可以监督人大代表,而且有权罢免自己选出的人大代表。具有责任意识和责任担当应该是我国人大代表的必备素质。《党章》也对党员干部提出了"忠诚、干净、担当"的要求,习近平总书记多次提到政治担当的重要性,他要求党员干部该履行的职责必须履行,该承担的责任必须承担。在2012年3月举行的中央党校春季学期开学典礼上,习近平强调,是否具有担当精神,是否能够忠诚履责、尽心尽责、勇于担责,这是检验每一个领导干部身上是否真正体现了共产党人先进性和纯洁性的重要方面。我们每一位人大代表委员只有树立这种担当意识,才能投出真正代表人民利益的选票。

[①] 史彤彪、吕景胜、冯玉军:《中国梦与法学研究—法律实践:吕世伦教授从教六十周年暨八十华诞志庆》,武汉大学出版社2013年版,第494页。

参 考 文 献

一、著作及译著类

［1］梓木等.民主的构思——论我国人民代表大会制度的发展与改革［M］.北京：光明日报出版社,1989.

［2］J.S 密尔.代议制政府［M］.汪瑄译.北京：商务印书馆,1982.

［3］崔丽娜.古典时期雅典的投票选举制度［M］.北京：首都师范大学出版社,2007.

［4］李昌麟.比较公民投票制度［M］.台北：五南图书出版股份有限公司,2013.

［5］胡毓达,胡的的.群体决策——多数规则与投票悖论［M］.上海：上海科学技术出版社,2006.

［6］威廉·庞德斯通（William Poundstone）.选举中的谋略与博弈——为什么选举不是公平的［M］.刘国伟译.北京：中央编译出版社,2011.

［7］科恩.论民主［M］.聂崇信,朱秀贤译.北京：商务印书馆,1988.

［8］程全生.政党与政党政治［M］.台北：华欣文化事业中心,1984.

［9］周叶中.代议制度比较研究(修订版)［M］.北京：商务印书馆,2014.

［10］熊文钊.公法原理［M］.北京：北京大学出版社,2009.

［11］董璠舆.外国议会议事规则［M］.北京：中国政法大学出版社,1993.

［12］孙哲.左右未来：美国国会的制度创新和决策行为(修订版)［M］.上海：上海人民出版社,2012.

［13］英、法、美、德、意、日六国议会议事规则［M］.尹中卿等译.北京：中国民主法制出版社,2005.

［14］乔万尼·萨托利.民主新论［M］.冯克利,阎克文译.上海：上海人民出版

社,2009.

[15] 洛克.政府论(下)[M].叶启芳,瞿菊农译.北京：商务印书馆,2019.

[16] 苗连营.立法程序论[M].北京：中国检察出版社,2001.

[17] 王世杰,钱端升.比较宪法[M].北京：商务印书馆,1999.

[18] 卡尔·施米特.宪法学说(第三卷)[M].刘锋译.上海：上海人民出版社,
     2005.

[19] 童之伟.法权与宪政[M].济南：山东人民出版社,2001.

[20] 中国农村村民自治制度研究课题组.村民委员会选举基本知识[M].北
     京：中国农业出版社,2006.

[21] 亨利·罗伯特.罗伯特议事规则(第10版)[M].袁天鹏,孙涤译.上海：格
     致出版社,上海人民出版社,2008.

[22] 王振耀.迈向法治型选举的历史逻辑[M].北京：中国社会出版社,
     2002.

[23] 中共中央文献研究室.十八大以来重要文献选编(上)[M].北京：中央文
     献出版社,2014.

[24] 中共中央文献研究室.十八大以来重要文献选编(中)[M].北京：中央文
     献出版社,2016.

[25] 林尚立.党内民主——中国共产党的理论与实践[M].上海：上海社会科
     学院出版社,2002.

[26] 吴邦国.吴邦国论人大工作[M].北京：人民出版社,2017.

[27] 中共中央文献编辑委员会.邓小平文选(第二卷)[M].北京：人民出版社,
     1994.

[28] 郭业洲.当代世界政党文献(2015)[M].北京：党建读物出版社,2016.

[29] 朱应平.宪法中非权利条款人权保障功能研究[M].北京：法律出版社,
     2009.

[30] 吴大英,任允正,李林.比较立法制度[M].北京：群众出版社,1992.

[31] 罗传贤.立法程序与技术[M].台北：五南图书出版股份有限公司,1996.

[32] 森口繁治.选举制度论[M].刘光华译.北京：中国政法大学出版社,2005.

[33] 徐向华.立法学教程[M].上海：上海交通大学出版社,2011.

[34] 吕楠.世界主要政党规章制度文献：英国[M].北京：中央编译出版社,

2015.

[35] 蒋劲松.代议法导论：基于中国人大制民主法治化[M].北京：法律出版社,2016.

[36] 应奇.代表理论与代议民主[M].长春：吉林出版集团有限责任公司,2008.

[37] 弗朗索瓦·基佐.欧洲代议制政府的历史起源[M].张清津,袁淑娟译.上海：复旦大学出版社,2008.

[38] 梅丽莎·莱恩.政治的起源[M].刘国栋译.上海：上海文艺出版社,2018.

[39] 赵心树.选举的困境——民选制度及宪政改革批判[M].成都：四川人民出版社,2003.

[40] 罗杰·H.戴维森,沃尔特·J.奥勒斯泽克,弗朗西斯·E.李,埃里克·希克勒.美国国会：代议政治与议员行为（第十四版）[M].刁大明译.北京：社会科学文献出版社,2016.

[41] 威尔逊.国会政体——美国政治研究[M].熊希龄,吕德本译.北京：商务印书馆,1986.

[42] 王汉斌.社会主义民主法制文集[M].北京：中国民主法制出版社,2012.

[43] 李鹏.立法与监督：李鹏人大日记（上）[M].北京：新华出版社,中国民主法制出版社,2006.

[44] 李鹏.立法与监督：李鹏人大日记（下）[M].北京：新华出版社,中国民主法制出版社,2006.

二、编著类

[1] 郑淑娜.中华人民共和国立法法释义[M].北京：法律出版社,2015.

[2] 许振洲.法国议会[M].北京：华夏出版社,2002.

[3] 翟志勇.代议制的基本原理[M].北京：中央编译出版社,2015.

[4] 刘政等.人民代表大会工作全书（1949—1998）[M].北京：中国法制出版社,1999.

[5] 李君如.中国共产党建设史（上册）[M].福州：福建人民出版社,2011.

[6] 李君如.中国共产党建设史（下册）[M].福州：福建人民出版社,2011.

[7] 乔晓阳,张春生.中华人民共和国地方各级人民代表大会和地方各级人民

政府组织法释义及问题解答（修订版）[M].北京：中国民主法制出版社,2006.

三、杂志类

[1] 陈建先.投票经典模型的博弈分析——博尔达计分法的理论与实践[J].行政论坛,2015(4).

[2] 倪星.选民投票行为：理性,抑或非理性——公共选择学派的投票理论述评[J].政治学研究,1999(1).

[3] 韩春荣,黄英.人民代表大会制度与议会制度的差异[J].探索,2003(6).

[4] 张富利.多数决民主的悖论及其与宪政的张力[J].东疆学刊,2013(10).

[5] 苗连营.民意代表的言论免责权之研究[J].法律科学,1999(5).

[6] 蔡定剑.重论民主或为民主辩护：对当前反民主理论的回答[J].中外法学,2007(3).

[7] 孙力.人民利益代表的政治机制研究[J].南京政治学院学报,2003(2).

[8] 曾建元,谢秉贤.民主政治、立宪主义与司法审查——"司法院"大法官议决释字第499号解释评释[J].厦门大学法律评论,2001(2).

[9] 许宗力.宪法违宪乎？评释字第499号解释[J].月旦法学杂志,2000(5).

[10] 马岭.代议制下议员的角色定位[J].甘肃政法学院学报,2012(2).

[11] 李智.秘密投票——以私密的方式行使民主权利[J].南京社会科学,2009(5).

[12] 何正付.人大代表角色意识淡薄的政治文化解析[J].韶关学院学报,2013(5).

[13] 童之伟.社会主要矛盾与法治中国建设的关联[J].法学,2017(12).

[14] 崔裕蒙.论党内民主的程序[J].理论参考,2004(9).

[15] 朱孟光.西方议会党鞭制度探析——基于英、美、加三国的考察[J].当代世界与社会主义,2015(1).

[16] 丁孝文.美国国会的表决机制[J].中国人大,2002(4).

[17] 张新权.西方政党的内部运作及启示[J].求实.2004(5).

[18] 魏淑艳,王颖.代议制的理论预设与实践困境[J].社会科学战线,2005(6).

[19] 韩强.美国主要政党严明党纪的做法[J].理论视野,2014(1).

[20] 陈英钤.亮票与议会自主[J].台湾法学,2015(2).

[21] 董晓宇.公共权力腐败行为的形成机理与遏制思路[J].中国行政管理,2002(4).

[22] 刘妤.采用电子表决器表决的是与非[J].人大研究,2018(5).

[23] 欧阳自如,胡曦.细节之变的监督力量[J].人民之友,2017(5).

[24] 易有禄,吴畏.人大在立法中的主导地位及实现机制[J].甘肃政法学院学报,2016(2).

[25] 任达.采用举手方式表决的思虑[J].人大建设,2000(8).

[26] 谭卓明.试论量化表决方式[J].人民之声,2000(5).

[27] 孙桂林.改进表决方式的建议[J].人大工作通讯,1997(6).

[28] 李伯钧.美国州议会的立法程序[J].吉林人大,2001(8).

[29] 蒋梅香.对代议制民主的认识和思考[J].黑河学刊,2007(2).

[30] 刘松山.修宪后宪法监督若干问题探讨[J].地方立法研究,2019(2).

[31] 林彦.《全国人大常委会议事规则》修改建议论要[J].中国法律评论,2019(6).

[32] 张力.关于人民代表大会制度几个问题的研究[J].山东人大工作,2017(6).

[33] 刘妤.论"高票通过"的意义[J].人大研究,2019(5).

[34] 朱蔚平.简论全国人大及其常委会的表决制度[J].现代法学,2000(5).

[35] 万其刚,蔡春红,苏东.全国人民代表大会会议制度研究[J].当代法学,2004(6).

[36] 温辉.代表与选民的关系[J].现代法学,2001(2).

[37] 徐德瑞.从会议表决投票说起[J].人大建设,2009(9).

[38] 乔颖.改善人大表决制度的思考[J].人大研究,2010(9).

[39] 虞崇胜.罗伯特议事规则与全国人大常委会议事规则的完善[J].新视野,2009(6).

[40] 刘松山.准确把握党在宪法法律范围内活动的含义——兼论党内法规与国家法律的关系[J].法治研究,2019(2).

[41] 田必耀,乔颖.改善表决：助推人大程序民主[J].公民导刊,2011(1).

[42] 乔颖.改善人大表决制度的思考[J].人大研究,2010(6).

［43］徐德瑞.从会议表决投票说起［J］.人大建设,2009(9).

［44］刘锦森.表决方式的改变是民主进步的标志［J］.人大研究,2009(9).

［45］李建新.举手表决应该取消吗？——人大表决方式研究［J］.人大研究,
2004(6).

［46］陈寒枫.关于完善人大及其常委会表决制度——进一步完善人大及其常
委会会议制度、工作程序和议事规则的探索之十［J］.人大研究,2008(5).

［47］翟峰,王成保,严合勇.改"合并表决"为"单项表决"合适吗？［J］.公民导
刊,2007(1).

［48］田必耀.人大质询与政治和谐［J］.人民政坛,2005(10).

［49］徐向华,许春晖.人大会议中法案单独表决的制度设计［J］.上海人大月
刊,2014(3).

［50］王雅琴.自由、公正的选举与权利实践［J］.中国社会科学院研究生院学
报,2003(5).

［51］李壹."两会"表决演变史：投豆豆到电子表决器［J］.协商论坛,2014(3).

［52］胡伟,张向奥.选举与民主：制度设计的工程学［J］.复旦学报(社会科学
版),2009(4).

［53］杨帆.破坏选举罪中"贿选"若干问题刍议［J］.江南社会学院学报,
2009(11).

［54］吴鹏飞.密切人大代表与选民关系的几点设想——以我国基层人大为例
［J］.云南行政学院学报,2009(2).

［55］张敬武.从代表构成看公民的政治参与［J］.人大研究,2005(1).

［56］浦兴祖."用足"地方人大常委会的制度空间［J］.上海人大月刊,2010(9).

［57］袁达毅.人大代表资格审查制度研究［J］.新视野,2016(3).

［58］刘松山.人大主导立法的几个重要问题［J］.政治与法律,2018(2).

［59］刘松山.党领导立法工作需要研究解决的几个重要问题［J］.法学,
2017(5).

四、学位论文类

［1］叶群.试论代议机关的公开表决与秘密表决［D］.上海：华东政法大学硕
士学位论文,2016.

［2］李少华.以党内民主推动人民民主建设研究［D］.重庆：西南大学硕士学位论文,2012.

［3］田必耀.论我国人大表决制度改革［D］.长沙：湖南师范大学硕士学位论文,2008.

［4］王思维.我国地方性法规制定程序示范法研究［D］.杭州：浙江大学硕士学位论文,2018.

［5］刘星安.投票行为研究的理性选择途径［D］.上海：上海师范大学硕士学位论文,2016.

［6］独步涛.我国现行地方性法规立法修正案制度研究［D］.上海：上海交通大学硕士学位论文,2014.

［7］殷晓彤.论我国立法程序的完善［D］.青岛：中国海洋大学硕士学位论文,2014.

［8］胡云珍.论地方立法程序及其完善［D］.合肥：安徽大学硕士学位论文,2013.

［9］伊士国.中国共产党治国理政的根本途径研究——基于人民代表大会制度的分析［D］.武汉：武汉大学博士学位论文,2012.

［10］张西勇.中国人民代表大会制度规定与实际过程不一致探因［D］.北京：中共中央党校博士学位论文,2014.

［11］郭清梅.我国立法表决制度研究［D］.上海：华东政法学院硕士学位论文,2003.

索　引